本書影印底本由日本早稻田大學圖書館收藏

論語補解

中國典籍日本注釋叢書・論語卷

張培華 編

上海古籍出版社

圖書在版編目(CIP)數據

論語補解 /(日) 山本樂所撰. —上海: 上海古籍出版社,2017.8
(中國典籍日本注釋叢書. 論語卷)
ISBN 978-7-5325-8376-8

Ⅰ.①論… Ⅱ.①山… Ⅲ.①儒家②《論語》—研究
Ⅳ.①B222.25

中國版本圖書館 CIP 數據核字(2017)第 042842 號

論語補解

[日] 山本樂所 撰
上海世紀出版股份有限公司
上 海 古 籍 出 版 社 出版
(上海瑞金二路 272 號 郵政編碼 200020)
(1) 網址: www.guji.com.cn
(2) E-mail: gujil@guji.com.cn
(3) 易文網網址: www.ewen.co
上海世紀出版股份有限公司發行中心發行經銷
江蘇金壇古籍印刷廠印刷
開本 890×1240 1/32 印張 10.625 插頁 5
2017 年 8 月第 1 版 2017 年 8 月第 1 次印刷
印數: 1—2,100
ISBN 978-7-5325-8376-8
B·991 定價: 58.00 元

序

『論語』は、『千字文』と並んで、日本に最初に入ってきた漢籍の一つと伝えられるほど、なじみ深い典籍である。

古来、日本人が学んできた漢籍には、ほかに『孝経』や『蒙求』『三字経』などがあり、幼少期の学童に教えられるべき幼学書として、近代以前は長い受容されてきた。しかし、これらは今ではすっかり忘れ去られて、眼にふれることも稀になってしまった。むしろ最も馴染みのある漢籍といえば『論語』が代表的となっている。

現代の日本で、『論語』がいかに親しまれているか、示してみよう。例えば、学校では小学校や中学校の教科書に採り上げられている。また、ビジネス書をはじめ、『論語』の小説も少なからず出ている。漫画の『論語』も多くあり、孔子の伝記とあわせると、その数は膨大といってよかろう。

『論語』の注釈の中で最も有名で、最も多くの人に享受されてきたものは、朱子(朱熹)の『論語集注(しっちゅう)』であった。これのことは、世界的に考えてみても、同じことが言えるだろう。かくいう私も、十八歳で大学に入学した際の最初の講義で学んだ漢文は、簡野道明の補注による『論語集注』を教科書に、柳町達也先生から学而第一を二年間習ったものだった。

その講義で学んだことは、現代語や解説などに頼らずに、直接古典注釈書を学ぶことの意義と、長い注釈の歴史を持つ中国に劣らず、日本でも朱子を乗り越えようとした先人の営みの精華を知ったことだった。

本書の最初に収める松平頼寛（1703〜1763）『論語徴集覧』には、日本における論語についての二大著述を対照させた集注が収められる。すなわち伊藤仁斎（1627〜1705）『論語古義』と荻生徂徠（1666〜1728）『論語徴』である。いずれも朱子の説を祖述することを潔しとせず、それを乗り越えるべく独自の思想を追究した先人の賜物といえる。

江戸時代、林羅山によって身分制度を正当化する朱子学は、江戸幕府の正学とされていた。そこでは、「上下定分の理」や、そのために名称と実質の一致を確立しようとした名分論が武家政治の基礎理念として貫かれていた。

しかし、仁斎と徂徠の両名は、ともに当時支配的であった朱子学的な経典解釈に批判的態度であたった。具体的には、両名は直接原典を考究するという原理主義に立って朱子学に臨んだのである。ただし、両者の採った方法はそれぞれ異なるものであった。

端的に言えば、仁斎の古義学は、疑念を持って原典にあたり、批判的な態度で読むことに努めたものといえ、徂徠の古文辞学は、原音原語と制度文物の研究によって、先王の道を知ろうというものであった。また、中国語に堪能だった徂徠は仁斎に否定的な態度で臨んだことも特徴的であった。その結果、それぞれ方法・立場を異にしながらも、全人的理解を目指して体系に裏打ちされた思想を生み出したのである。本書に収載の『古義』『徴』の二書にもその傾向はうかがえる。

両名の考え方の差は随所に現れている。一例として学而第一第八章を採り上げてみよう。

「子曰、君子不重則不威。
学則不固。
主忠信。
無友不如己者。
過則勿憚改。

この部分の解釈は仁斎と徂徠とで異なる。詳しくは収載された両書を参照して考えてもらいたいが、あえて一点だけ述べれば、この章の「学則不固」の部分には両者の考え方の違いが最も明確に現れているといえる。

まず、仁斎は、『論語』は孔子が当時の賢士大夫に向かって説いたもので、この章も孔子が説いたいくつかの言葉を弟子たちがつづり合わせたものと考えた。それに対して徂徠は、『論語』は孔子が以前からの古言を唱えながら教えたものであるため、一貫性を認めづらい部分や、重複した内容があることも当然と考えた。

その結果、仁斎は「学則不固」を、「学べば則ち固かたからず」と訓んで、きちんと学問をしないと堅固な考えを持てないと解釈した。それに対して、徂徠は「学べば則ち固こせず」と訓むことができる解釈を行った。孔子には定まった師はなかったので、融通無碍な考え方を行う人であったと考え、学びを深めれば、狭い見識にとらわれた固陋な考えを持たなくなるというのである。

朱子の学問は、孔子の一言片句さえも一貫した意味と思想を持つものと解釈することに努めた。それに対して、日本の仁斎と徂徠はその立場を採らず、朱子とは異なる解釈を行ったのである。仁斎は孔子の平生の言葉を繋げ合わせたものとし、徂徠は以前から伝わる古言を孔子が唱えながら教えたものと考えた。徂徠の考え方を採れば、他の箇所にも重複のあることに説明がつき、同じ章の「過ちては改むるに憚ること勿れ」からうかがい知れる君子像とも矛盾しない。

また、全体的思想においても、朱子は宇宙に根拠づけられた道の体現者としての孔子を見ようとしたのに対し、仁斎は、その考え方を排斥して日常性と道徳に関心を集中させた考えを採った。徂徠も同じく朱子とは異なる経学を示しながらも、仁斎にも反対の立場を採り、先王とは異なって統治者としての経験・実績はないものの、そのための道を後世に示した孔子の偉大さを伝えようと努めたのである。

こうした日本経学の豊潤な蓄積と独自性が、中国で知られることは少ないだろう。本書を編纂する意図はまさにそこにあるのだが、中国の人達だけでなく、多くの日本の人達にも興味を持っていただきたく思う。

平成二十八年師走　相田満

《論語》和日本

——代前言

一

翻開日本《古事記》應神天皇的章節，其中有『論語十卷』的記載。這是目前所知日本對《論語》的最早記録。應神天皇是日本第十五代天皇，在位四十一年（約公元二七〇年至三一〇年在位），一百歲崩（《古事記》載一百三十歲）。論及《論語》和日本的關係，上述記載是不可忽視的，至於《古事記》的記載是真是假，已有諸多考證，限於篇幅，在此不贅。《古事記》是日本最早的書，由其記載，可推知《論語》流傳到日本至少一千七百年了。這裡不妨摘録一段日本漢學大家諸橋轍次的話。他説：

《論語》是公元二八五年（應神天皇十六年）由百濟王仁博士傳到日本的。日本最早的書《古事記》成書於七一二年（和銅五），以此推算，《論語》到日本要比《古事記》早四百二十七年。也可以説，《論語》是日本人手裡拿到的第一本書。從那以後至今，《論語》差不多被日本人讀了一千七百年，終於家喻户曉、人人皆知、可親可敬了。雖説《論語》是外來的書，可我覺得稱其為日本古典中的古典並不過份。

（諸橋轍次《中國古典名言事典》，講談社學術文庫，第十九頁）

諸橋轍次先生的這段話，述及《論語》自傳入到被日本人廣泛接受的過程。那麼一千多年來，日本人究竟是怎麼閱讀《論語》的呢？

二

正如《古事記》所記載的那樣，自從王仁博士將《論語》作為禮物敬獻給應神天皇的皇子以來，《論語》以及流傳到日本的中國典籍的讀者主要是日本天皇和皇室子孫。他們通常由大學博士等專業人士傳授。比如日本漢文史籍《日本三代實録》第五卷清和天皇貞觀三年（八六一）八月十六日有如下記載：

十六日丁巳，天皇始講論語，正五位下行大學博士大春日朝臣雄繼侍講。

（《日本三代實録》上卷，名著普及會，第一三一頁）

該書第三十六卷元慶三年(八七九)八月十二日同樣有陽成天皇讀《論語》的記録：

十二日己巳，天皇始講論語，正五位下行大學博士大春日朝臣雄繼侍講。

(《日本三代實録》下卷，名著普及會，第一八〇頁)

清和天皇和陽成天皇分别是日本第五十六代和第五十七代天皇。《論語》不僅僅為天皇閲讀，也是皇子的啟蒙讀物。比如從《御産部類記》中可知皇子出生一周之内，由明經博士、紀傳博士閲讀的中國典籍書目中就有《論語》：

延長元年七月二十四日，皇后(藤原穩子)産男兒(寬明親王)，前朱雀院，内匠寮作御湯具，七日間明經、紀傳博士等相交讀書，千字文、漢書・景帝紀、文王卅(原字)子篇、古文孝經、論語置一卷、尚書、史記、毛詩、明帝紀、左傳等也。

(《圖書寮叢刊・御産部類記》，明治書院，第七、八頁)

延長元年即西元九二三年。寬明親王剛出生，耳邊就聆聽大學博士讀《論語》及各種典籍，可見日本古代天皇對皇子履行儒家經典教育的重視。寬明親王日後成為日本第六十一代天皇即朱雀天皇。

不僅古代天皇及皇子耽悦《論語》及中國典籍，誦讀《論語》更是男性貴族修身的主要方式。這與日本古代沒有文字密切相關。正如齋部廣成在其《古語拾遺》的《序言》裡說：『上古之世，未有文字。貴賤老少，口口相傳，前言往行，存而不忘。』（《古語拾遺》，岩波書店，第一一九頁）自漢字傳入日本後，日本開始借用漢字表情達意。前文提到的《古事記》，從頭至尾都是用漢字書寫的。日本第一部和歌集《萬葉集》也是用漢字書寫的。但問題是，雖是漢字，中國人卻未必能看懂。比如，明代李言恭《日本考》中有如下日本古代歌謡：

月木日木，所乃打那天木，乃子革失也，我和慕人那，阿而多思葉白。

（〔明〕李言恭、郝傑編撰，汪向榮、嚴大中校注《日本考》，中華書局，一九八三年，第一二四頁）

恐怕任何中國人讀了以上歌謡，都會如墜五里雲霧而不知所云。其實這是一首日本古代情歌，大意是：『日月同天，想他那裡，我思念人，有人思我。』（出處同上）

這是因爲，日本借用漢字表情達意時，已經有固定的日語表達形式了，只是沒有日語文字而已。這是一個值得深究的課題。

借用中國漢字，終究不方便，於是日本在平安時代發明了『假名』，即記録日語的文字。

顧名思義，假名是相對於『真名』而言的，真名即漢字書寫的古文。十分有趣的是，日本創造的假名，依然與漢字藕斷絲連。毫不諱言，日語的假名，其本質是對漢字的『崩裂』。五十個平假名和五十個片假名，都基於一百個漢字。日語假名不變，漢字轉爲繁體字。假名源於漢字，在日本學生《國語》裡，均有鮮明的解釋，只是千百年來，對於日本學生或對所有日本人而言，在他們的意識裡，與其説漢字是中國的，倒不如説漢字是日本的，俗話説習慣成自然。

假名終於替代了真名，成爲日本的國語。但是，在假名剛剛開始的平安時代，『真名』與『假名』的地位截然不同。按古代日本律令的規定，國家政府機關的官方文書，一律爲真名，且多爲男性高級貴族把持，因此真名也稱爲『男手』，相對真名而言的假名，則叫『女手』。日本古典文學《枕草子》及《源氏物語》即是『女手』創作的代表作。從《源氏物語》作者紫式部的假名日記（《紫式部日記》）中可見，當時她旁聽兄長的漢儒課程時，由於其記憶力好，每當兄長被問得不能回答而發窘時，她在一旁倒背如流。她作爲文人的父親對其刮目相看，十分惋惜地説：真可惜你不是男兒啊！由此可見當時重視男子識『真名』女子習『假名』之一斑。

女性貴族宜用假名，男性貴族須用真名。從現存男性貴族的漢文日記中，我們仍然會發覺《論語》是皇室子孫必讀的中國典籍之一。比如日本第六十六代天皇一條天皇的第二皇子敦成親王誕生後，當時的攝政大臣，即一條天皇的岳父藤原道長在他的漢文日記《御堂關白記》中（現存作者部分親筆日記均爲日本國寶），對敦成親王的讀書書目和讀書時間以及擔任博士均有詳細記録。比如寬弘六年（一〇〇九）十二月一日，上午讀《漢書》，傍晚時分由名叫爲忠的人讀《論語·大伯篇》(詳見《御堂關白記》，岩波書店，第二七一頁)。敦成親王日後成爲日本第六十八代天皇即後一條天皇。

鎌倉時代和室町時代的漢文日記裡，也依然可見閲讀《論語》的記録。比如鎌倉時代公卿近衛家實在其《猪隈關白記》裡，於正治二年(一二〇〇)二月一日記：『博學而篤志，論語云云。』(詳見《猪隈關白記》，岩波書店，第六九頁)另外在建仁三年(一二〇三)八月二日還有『釋奠、論語』的記述(詳見《猪隈關白記》，岩波書店，第二七〇頁)。所謂『釋奠』是沿襲古代中國祭奠以孔子爲代表的儒家先哲的儀式，最早由奈良時代《大寶令》中的學令頒佈後，于大寶元年(七〇一)實行，中途停止，後又復活，反反復複直到明治維新才餘韻告罄。

鎌倉時代以後的室町時代，後崇光院伏見宫貞成親王的日記於永享八年(一四三六)十月二日記：『讀書如例，論語第二卷講義。』(詳見《看聞日記》第五卷，宫内廳書陵部，第三二〇頁)

另外在室町貴族内大臣萬里小路(藤原)時房的日記《建内記》裡，也同樣可見其耽悦《論語》的記録。比如在康正元年(一四五五)八月二十一日的日記中有以下記載：『岡崎三品(周茂)終日來談，論語第七讀和了。』(詳見《建内記》第十卷，岩波書店，第一七八頁)

從以上零零碎碎的記述裡，大致可以瞭解，《論語》在日本先有天皇及皇室子孫閲讀，爾後普及到貴族階層，延綿不絶。但是，直到室町時代尚不見有學者潛心閲讀《論語》後，用漢文加以解釋的著作。

三

如果把『論語』作爲關鍵词輸入日本國立國會圖書館的藏書檢索欄裡，現在顯示的數目是三六四一件。這個數目還在不斷增長，因爲每年都有新的有關《論語》的書籍出版。比如二〇一六年六月，岩波書店出版了井波律子氏翻譯的《完譯論語》，同年十月，筑摩書房出版了齋藤孝氏翻譯的《論語》。日本《論語》的譯作，可謂雨後春筍，層出不窮。而且有趣的是，翻譯《論語》的譯者未必會説漢語，他們能夠翻譯《論語》，其氣魄來自對中國古文的日語解讀——訓讀。

説起訓讀，得回到平安時代日本人所發明的假名。前文提到過的源於漢字的一百個假名中，其中五十個片假名就是爲訓讀『真名』漢文服務的。漢文訓讀的發明，不能不説是日本人的智慧，因爲所有的中國典籍，一旦配上訓讀，如何閲讀的問題就會引刃而解。因為有訓讀這一特殊的閲讀方法，所以一個日本人即使完全不會説漢語，也能夠看懂《論語》。訓讀並不難，即按照日語的順序，在漢字左右下角分别添加訓點和送假名。其目的是爲了符合日語的順序，所以有必要顛倒漢語的語序，因爲日語和漢語的語序不同，比如漢語動詞後面跟賓語，而日語常常是賓語在前動詞在後。而訓點符號恰是爲顛倒漢語語序迎合日語順序而起作用的。

訓點符號屈指可數，簡言之，不外乎以下訓點。首先是返点『レ』，意为返回，即在两个汉字之间有返点的话，先读下边的字，然后再返回读上边的字。其次『一、二、三、四』點，即按照點數的多少，先讀有一點的字，次讀有二點的字，再讀有三點的字，最後讀有四點的字，以此類推。同樣的方法還有『上、中、下』點和『甲、乙、丙、丁』的訓點標誌。這些訓點基本都是按照其順序先後讀字罷了。如此看來，訓讀的方法並不困難，不過訓讀後的漢字得配上相應的送假名即片假名部分，需要有深厚的日語語感，所以日語能力的高低，左右著訓讀後的翻譯水準。由於古代漢文都是豎排，日語亦然，所以按訓讀規則，一般將訓點標在漢字的左下角，片假名標在漢字的右下角。

日本的訓讀雖易學，但其方式比較煩雜，似乎沒有統一的模式，又常常與師承直接相關。比如昭和時代的學者，就有東大（東京大學）和京大（京都大學）畢業生訓讀的不同方式。

訓讀起源于平安時代，最早誕生于漢儒博士之家，派系林立，方法不一，猶如祖傳秘方不外傳，承繼的都是同門子弟。雖然方法不一，但是對理解中國古文似乎大相徑庭。好比中國大陸使用中文拼音，而中國臺灣則使用注音符號，形式不一，但對於同一個漢字所發出的聲音還是一致的。毫無疑問，日本人發明的訓讀，是日本人理解中國典籍的一條有效捷徑。時至今日，漢文訓讀仍然是日本高中生考大學的必考課程。可見，用訓讀的方法理解中國古文的技能，幾乎都潛伏在每一個日本人的頭腦裡。因此，對中國人來說，理解日本人，要知道他們會訓讀的本領。比方說，一個中國人古文功底很差，而一個日本人，訓讀能力很强，在理解中國古文方面，日本人往往比中國人更勝一籌，這並不是神話。

由上可知，《論語》傳到日本以後，自從片假名發明以來，日本人用訓讀的方法，一代又一代孜孜不倦地閱讀著《論語》。

一千多年來，《論語》在日本一直很受寵，從來没有被排擠過，時至今日，在中國典籍中，《論語》依然最受推崇。走進日本任何一家書店，恐怕都不難找到《論語》的位置。

關於《論語》流傳日本的底本，前後有兩種。一是可見於古代日本律令中的鄭玄注、何晏集解以及平安時代《日本國見在書目録》中爲代表的皇侃《論語義疏》，二是朱熹的《論語集注》。前者爲古注，後者爲新注。新注《論語》在日本更受重視，比如明治書院出版的『新釋漢文大系』中的吉田賢抗氏的《論語》注釋本，其底本爲朱熹的《論語集注》。現爲日本中國學會會長的土田健次郎氏最近譯注了《論語集注》（詳見《論語集注》，東洋文庫，二〇一三—二〇一五年）。

江户時代之前，日本雖有各式《論語》訓讀方法，卻鮮有《論語》注釋著作。日本《論語》注釋的形成及高峰期均在江户時代，其中最重要的著作有兩部：一是伊藤仁齋（一六二七—一七〇五）的《論語古義》，另一部是荻生徂徠（一六六六—一七二八）的《論語徵》。

伊藤仁齋早先是朱子學派人物，但在《論語古義》里，卻義無反顧地站在反朱子學的立場上。同樣反對朱子學的荻生徂徠，在其《論語徵》里也反對伊藤之學。後來松平賴寬將上述兩部著作和何晏《論語集解》、朱熹《論語集注》編印到一起，名爲《論語徵集覽》，大大便利對比閱讀。

本套叢書收録了松平賴寬《論語徵集覽》、山本日下《論語私考》、三野象麓《論語象義》、山本樂所《論語補解》、田中履堂《論語講義並辨正》等系列著作，均是江户時代最有影響的《論語》注釋著作，其中三種帶有訓點符號，對閱讀或有不便，但這些著作第一次與國内讀者晤面，相信會對讀者學習、研究《論語》有所助益，甚至能對研究日本漢學乃至東亞儒家文化帶來好處，那正是編者所期待和引以為榮的。

国文学研究資料館博士研究員　張培華

二〇一六年十二月於東京

作者及版本

山本樂所（一七六四—一八四一），名惟孝，字元禮，通稱源吾或源五郎。曾就學於山本東籬，在和歌山藩做過藩校學習館的督學，曾參與編輯《紀伊續風土記》和《德川淵源記》，校訂《貞觀政要》。另著有《孝經集傳》。

《論語補解》，和式四孔線裝，共四冊。書高二十六厘米，藍色封面，左上角題簽『論語補解』。正文和注釋文内有漢文訓讀的訓點符號。第一冊『學而第一』至『里仁第四』，前有有紀藩講官山本元恒《論語補解序》、何晏《論語序》、《論語補解卷首》，第二冊『公冶長第五』至『鄉黨第十』，第三冊『先進第十一』至『憲問第十四』，第四冊『衛靈公第十五』至『堯曰第二十』。每卷卷下題『何晏集解　山本惟孝補解』，第四冊末收録紀藩講官岩橋興嗣跋。

目録

論語補解序

昔者仲尼刪述六經。以爲後世法。及一經秦火也。餘燼斷簡。純駁混淆。不可悉見其本眞。蓋其純粹而眞者。唯論語而已矣。故欲觀六經之大義者。捨論語何以哉。然文簡而古。儒者難其解。兩漢以來。孔包馬鄭陳王周諸家。各爲之解。夫兩漢去古未遠。故多古來相傳之說。然平叔以己意定之。則未爲無粗漏紕繆焉。及至於宋。洛閩之諸賢。始唱理氣心性之說。至於朱子而極矣。繼爲之解者。亡慮數百家。率皆主張洛

閩之說。而唯理之說。蓋文勝掩理。理勝遠實。自然之勢也。抑名義之違。古訓之失。職此之由。是以學者斷斷聚訟不已。我

邦元享之際。伊藤原佐。荻生茂卿。以英邁之資。論駁洛閩之說。各立一家言。其見雖卓也。間辟其所見。則互不得無得失焉。獨太宰德夫。憂諸家之解多失古訓。而折衷諸家。斷以己見。名曰古訓。又別集諸家異同之說。名曰古訓外傳。其特用心於論語。可謂務矣。而德夫學於茂卿者也。然辨論取捨。不阿所好。亦猶

辟其所見。則未得歸一之說。吾樂所先生。以宏博之學。嘗潛心於斯書者有年矣。苟古書中有證據者。必錄以備考。大有獨得之見。雖然。先生之言曰。人心如面。取捨異趣。雖有識者。辟其所見。則不能無蔽。今諸子之解。非無卓越之見。又未能免其蔽。雖然。其說之著於世者。雖有吾之所不信從。而信從者終不絕。則吾亦不得不存錄。恐以己之偏見罔他之正說也。於是先生蒐羅諸家之說。而旁附其所見。且載異同之說。不敢妄爲私斷。名曰補解。要欲使人取捨也。其以集解爲主者。存古也。最後得清阮宮保論語挍勘記。諸本異同。收拾不遺。間有與先生之意符者。因附錄其說於後。嗚呼。論語一書。自古學者齗齗聚訟不已。而今先生之舉如是。則其平穩誰有得而議之者矣哉。夫平叔始條理。而先生終之。庶幾可謂大成也歟。先生命恒叙其由。剞劂告竣。乃述其梗槩云爾。

天保十年己亥夏五月

紀藩　講官山本元恒謹序

二大字舊作太今据唐石經及經典釋文改正下大守大常並同

論語序

敘曰漢中壘校尉劉向言魯論語二十篇皆孔子弟子記諸善言也大子大傅夏侯勝前將軍蕭望之丞相韋賢及子玄成等傳之齊論語二十二篇其二十篇中章句頗多於魯論琅邪王卿及膠東庸生昌邑中尉王吉皆以教授之故有魯論有齊論魯共王時嘗欲以孔子宅爲宮壞得古文論語齊論有問王知道多於魯論二篇古論亦無此二篇分堯曰下章子張問以爲一篇有兩子張凡二

十一篇。篇次不與齊魯論同。安昌侯張禹本受魯論。兼講齊説。善者從之。號曰張侯論。爲世所貴。包氏周氏章句出焉。古論。唯博士孔安國爲之訓解。而世不傳。至順帝時。南郡大守馬融亦爲之訓説。漢末大司農鄭玄就魯論篇章。考之齊古。以爲之註。近故司空陳羣。大常王肅。博士周生烈皆爲義説。前世傳授師説。雖有異同。不爲訓解。中間爲之訓解。至于今。多矣。所見不同。互有得失。今集諸家之善説。記其姓名。有不安者。頗爲改易。名曰論語

集解光祿大夫關內侯臣孫邕光祿大夫臣鄭冲
散騎常侍中領軍安鄉亭侯臣曹羲侍中臣荀顗
尚書駙馬都尉關內侯臣何晏等上

論語補解卷首

發凡

一先生云。今也此書之解。先賢之傳說。莫古乎何平叔集解者。則雖知其說之必誤。不欲刪之。恐我擇之不精。而廢其善說也。雖我之所信。質之衆人。而不疑者。必不能保其無誤。又恐僻所見。而損其舊也。故先生此撰。用集解爲主。集解必不可通。然後取羣說之有切證者。而補之。不敢妄爲私斷。覽者審之

一漢書藝文志曰。論語古二十一篇。齊二十二篇。魯二十篇。案今論語與魯論篇數同。而文字異同。頗與齊古相混。是何平叔作集解。折衷七家之說。合古齊魯。以意改竄。自成一家。故今所習集解本。不魯不齊不古。各本有小異。而唯皇侃義疏本。我博士家所傳古本。及我
南朝正平版本。大同小異。稍勝各本。故今壹從

我古本爲定。考訂俗字誤字。詳注異同於其後

一正文異同。依阮氏挍勘記。間或涉解義者。取入補解亦不置異同中。或有誤脫者。就本書而補正之

一正文音讀。一從陸氏釋文。而數音數義者。壹從本註之義。雖補解或從鄭說。不載鄭音。令覽者勿混

一辭貴簡要。故諸家之說。省繁摘要。或說之同者。從其簡者。俾讀者易得其意。

一挍勘記所引高麗本。與皇本及我兩古本大同。是我正平本。流入于彼土者。清人不辨。稱爲高麗本。錢曾讀書敏求記所載可徵焉耳。故今不別載正平本之異同

一本註異同。雖各本有文句較勝者。義之不異者。皆省而從簡。但李習之筆解所載注。間有注家姓名不同者。雖不與文義。必有所傳。故今倣挍勘記而並錄之

一集解七家。獨包咸不書名。何晏避父諱也。今依

舊不必改

一補解載先儒說。不拘時世。但隨所解本文序

綱領

古論語　漢志二十一篇　漢書藝文志曰。論語者孔子應答弟子時人。及弟子相與言。而接聞於夫子之語也。當時弟子。各有所記。夫子既卒。門人相與輯而論纂。故謂之論語。

桓譚曰。古論二十一篇。文異者四百四字

王充曰。論語者。弟子共紀孔子之言行。云云。漢興失亡。至武帝發取孔子壁中古文。得二十一篇。齊魯河間九篇。本三十篇云云。後更隸寫以傳誦。初孔子孫安國以教魯人扶卿。始曰論語。案此言似不切者。今姑抄出者。以有本三十篇之文也

如淳曰。古論語二十一篇。分堯曰篇後子張問何如可以從政以下為篇。名曰從政。姑抄出者。以有曰從政之文也

隋書經籍志曰。古論語與古文尚書同出。章句

一煩省。與魯論不異。惟分子張爲二篇。故有二十一篇（旣具何晏序中）

歐陽修曰。論語漢興傳者三家。魯人傳之。謂之魯論。齊人傳之。謂之齊論。出於孔壁。則古論。三家篇第先後皆所不同。考今之次。卽所謂魯論也

齊論語　漢志二十二篇（詳何晏序中）　漢書注。多問王知道（王伯厚云。問王問玉之說）

魯論語　漢志二十篇　班固曰。傳魯論語者。常山都尉龔奮。長信少府夏侯勝。丞相韋賢。及子玄成。魯扶卿。太子大傅夏侯建。前將軍蕭望之。安昌侯張禹。皆名家。

隋書。張禹本受魯論。晚講齊論。後遂合而考之。刪其煩惑。除去齊論問王知道二篇。從魯論二十篇爲定。

馬端臨曰。古論語。與古文尚書同自孔壁出者。章句與魯論不異。惟分堯曰子張問以下爲一篇。共二十一篇。則問王知道二篇。亦孔壁中所

無。度必後儒依倣而作。非聖經之本眞。此所以不傳。非禹所能削也

謹案論語爲六經輨轄。苟欲識六經之大義。窺夫子之奧旨者。未有先此書者也。學雖專門孰不亟治。然而夫子既沒。微言浸湮。戰國之際。異說紛更。徒競于辯囿耳。雖何平叔選七家之善而作集解。猶未能精備。爾後爲之解者數百家。其說之可取者亦不少。然而大率主家言。而不存舊解。今我樂所先生之有補解。蓋慨于此耳。嘗曰。學之爲道。元非難解者。雖然。秦火之後。經傳散佚。加以古今文字之異。傳寫之訛。況古今方俗。不同其語。則雖賢智之人。不能不辟其所見。是以學古者。不可不由古訓。其義之可疑。古訓之傳不可必廢。其言之有理。臆度之說。不可必用。唯參之舊典。而有切據。則存之而可也。嗟乎。先生之說經。不辟今古。可以見矣。唯恨先生老且病。纔脫稿而不及讐挍。俾余挍閱。於是乎與同

志考訂。得レ竣レ功。若其有二差謬一。亦余之辠也。勿レ
遺二誚ヲ先生一

天保十年己亥夏五月

紀藩　中衞郎兼講官志賀孝思拜識

論語卷一

何晏集解
山本惟孝補解

學而第一　凡十六章

子曰。學而時習之。不亦說乎。馬融曰。子者。男子之通稱。謂孔子也。王肅曰。時者。學者以時誦習之。誦習以時。學無廢業。所以爲說懌。補皇侃曰。古者稱師爲子也。惟孝曰。時與學記蛾子時術之時同。學記引兌命曰。敬孫務時敏。又曰。時過然後學。則勤苦而難成。又曰。當其可之謂時。○說音悅。皇本作悅。註同。諸本馬融曰作馬曰。王肅曰作王曰。皇本與此同。後倣此。有朋自遠方來。不亦樂乎。包氏曰。同門曰朋。補鄭玄司徒註曰。同師爲朋。同志爲友。包氏咸也。○朋蒲弘反。樂音洛。諸本包氏曰作包曰。皇本與此同。唯包作苞。後倣此。人不知而不慍。不亦君子乎。慍。怒也。凡人有所不知。君子不慍。補鄭玄曰。慍。怨也。

按何晏以慍爲怒。鄭玄爲怨。要之皆含怒不豫之義。辭有疏密耳。必不可以此棄彼也。凡註無姓名皆何平叔語也。

○慍紆問反。

有子曰。孔安國曰。孔子弟子有若。○本註諸本無孔安國曰四字。皇本與此同。而無孔子二字。阮元云。孔子疑孔曰之譌。案諸本孔安國曰。皆稱孔曰。皇本與此同。後倣此。其爲人也孝弟而好犯上者鮮矣。鮮少也。上謂凡在己上者。註言孝弟之人必恭順好欲犯上者少也。補鄭玄曰。鮮寡也。○弟大計反。下同。皇本字作悌。注及下並同。釋文出孝弟云。本或作悌。下同。好呼報反。下同。鮮仙善反。不好犯上而好作亂者未之有也。君子務本。本立而道生。本基也。基立而後可大成。孝弟也者其爲仁之本與。先能事父兄。然後仁道可大成。○與音餘。攷文引足利本無爲字。皇本此注上有苞氏曰三字。

子曰。巧言令色鮮矣仁。包氏曰。巧言。好其言語。令色。善其顏色。皆欲令人說之。少能其有仁。補巧言令色。見皋陶謨。巧言。無實。令色。無質。陽貨篇有此注。○鮮仙善反。皇本仁上有有字。考之注疏文有有字者是。

曾子曰。馬融曰。弟子曾參。吾日三省吾身。爲人謀而不忠乎。與朋友交而不信乎。傳不習乎。言凡所傳之事。得無素不講習而傳之乎。○三息暫反。又如字。省悉井反。爲于僞反。傳直專反。皇本高麗本交下有言字。

子曰。道千乘之國。馬融曰。道謂爲政教。司馬法。六尺爲步。步百爲畝。畝百爲夫。夫三爲屋。屋三爲井。井十爲通。通十爲成。成出革車一乘。然則千乘之賦。其地千成。居地方三百一十六里有畸。唯公侯之封。乃能容之。雖大國之賦。亦不是過焉。包氏曰。道。治也。千乘之國者。百里之國也。古者井田方里爲井。井十爲乘。百里之國。適千乘也。馬融依周禮。包氏依王制孟子。義疑。故兩存焉。〔補〕朱熹曰。千乘諸侯之國。其地可出兵車千乘者也。荻生茂卿曰。萬乘千乘百乘。古言也。天子爲萬乘。諸侯爲千乘。大夫爲百乘。斤斤求合其數。皆不通之論也。○道音導。皇本高麗本字作導。注同。釋文出道字云。本或作導。注同。乘繩證反。

敬事而信。包氏曰。爲國者。舉事必敬愼。與民必誠信。

節用而愛人。包氏曰。節用。不奢侈。國以民爲本。故愛養之。○本註。皇本用下有者字。

使民以時。包氏曰。作事使民。必以其時。不妨奪農務。○本註。皇本十行本作下無事字。校勘記曰。案作作事使民。文義較明。疏中亦有事字。

子曰。弟子入則孝。出則弟。謹而信。汎愛衆而親仁。

行有餘力，則以學文。馬融曰。文者。古之遺文。補鄭玄曰。文。道藝也。○則弟大計反。皇本十行本字作悌。釋文出則弟云本亦作悌。汎孚劒反。行下孟反。

子夏曰：賢賢易色，孔安國曰。子夏。弟子卜商。言以好色之心。好賢。則善。補漢李尋傳。聖人承天。賢賢易色。顏師古訓易爲輕略。皇侃曰。凡人之情。莫不好色。而不好賢。今若有人能改易好色之心。以好於賢。則此人便是賢於賢者。惟孝曰色。與子罕靈公篇好色之色同。○夏戸雅反。後子夏皆同。事父母能竭其力，事君能致其身，孔安國曰。盡忠節。不愛其身。補皇侃曰。致。極也。與朋友交言而有信。雖曰未學，吾必謂之學矣。

子曰：君子不重則不威，學則不固。孔安國曰。固。蔽也。一曰。言人不能敦重。既無威。學又不能堅固識其義理。補邢昺曰。孔云。固。蔽也。言君子當須敦重。若不敦重則無威嚴。又當學先王之道。以致博聞强識。則不固蔽也。○本註皇本不能敦重。作不敢重。阮元云。案敢當作敦。字形相近而訛。

主忠信。無友不如己者。過則勿憚改。

鄭玄曰。主。親也。憚。難也。補主忠信以下重出于子罕篇。○憚徒旦反。釋文無作毋。案古書無毋多通用。諸本鄭玄曰作鄭曰。皇本與此同。後倣此。

曾子曰。愼終追遠。民德歸厚矣。

孔安國曰。愼終者。喪盡其哀。追遠者。祭盡其敬。人君能行此二者。民化其德。而皆歸於厚也。補皇侃曰。民下之德。日歸於厚也。太宰純曰。民德歸厚。小人之德草也。

子禽問於子貢曰。夫子至於是邦也。必聞其政。求之與。抑與之與。鄭玄曰。子禽弟子陳亢也。子貢弟子。姓端木。名賜。亢怪孔子所至之邦。必與聞其國政。求而得之邪。抑人君自願與之爲治邪。○之與音餘。下之與同。抑於力反。漢石經抑作意。挍勘記云。釋文出子貢云。本亦作贛。案隷釋載漢石經。凡子貢字皆作子贛。蓋贛贛並當作贛。臧林經義雜記云。說文貝部。貢獻功也。贛賜也。是貢贛不同。依說文當爲贛。贛即贛之譌體。子貢名賜。故字子贛。作貢者。字之省借耳。

子貢曰。夫子溫良恭儉讓以得之。夫子之求之也。其諸異乎人之求之與。鄭玄曰。言夫子行此五德而得之。與人求異。明人君自與之。[補]邢昺曰。敦柔潤澤。謂之溫。行不犯物。謂之良。和從不逆謂之恭。去奢從約。謂之儉。先人後己。謂之讓。朱熹曰。溫和厚。良易直。恭莊敬。儉節制。讓謙遜。其諸語辭也。○皇本與下有也字。攷文引足利本作夫子之求也。其諸異乎人求之與。

子曰。父在觀其志。父沒觀其行。孔安國曰。父在子不得自專。故觀其志而已。父沒乃觀其行。○行下孟反。三年無改於父之道。可謂孝矣。孔安國曰。孝子在喪哀慕猶若父存。無所改於父之道。

有子曰。禮之用和爲貴。先王之道斯爲美。小大由之。有所不行。知和而和。不以禮節之。亦不可行也。馬融曰。人知禮貴和。而每事從和。不以禮節。亦不可行。補儒行曰。禮之以和爲貴。皇疏亦此意。○漢石經無可字。

有子曰。信近於義。言可復也。復猶覆也。義不必信。信不必義也。以其言可反復。故曰近於義。補皇侃曰。若爲信近於合宜。此信之言。乃可復驗也。若爲信不合宜。此雖是不欺而其言不足復驗也。○近附近之近。又如字。下同。

恭近於禮，遠恥辱也。

包氏曰。恭不合禮。非禮也。以其能遠恥辱。故曰近於禮也。○遠于萬反。諸本無包氏曰三字。皇本並與此同。

因不失其親，亦可宗也。

孔安國曰。因親也。言所親不失其親。亦可宗敬。

補 皇侃曰。喪服傳云。繼母與因母同。陳書王元規傳云。姻不失親古人所重。荻生茂卿曰。按因與姻婣。古字通用。○皇本宗下有敬字。

子曰。君子食無求飽。居無求安。

鄭玄曰。學者之志有所不暇。

敏於事而慎於言。就有道而正焉。可謂好學也已。

孔安國曰。敏疾也。有道有道德者。正謂問事是非。○好呼報反。也已漢石經作已矣。皇本作也已矣。筆解作也矣。

學而 五

子貢曰。貧而無諂。富而無驕。何如。子曰。可也。孔安國曰。未足多也。○諂勑檢反。皇本作子貢問曰。據皇邢二疏。則古本當有問字。未若貧而樂道。富而好禮者也。鄭玄曰。樂謂志於道。不以貧賤爲憂苦。○樂音洛。好呼報反。諸本樂下無道字。皇本高麗本與此同。太宰純曰。石經樂下有道字。見明仲和卿四書備考。又曰。史記弟子傳。范曄後漢書東平王傳。皆作貧而樂道。阮元云。史記仲尼弟子列傳。文選幽憤詩注。引此文並有道字。又下二節孔註。及皇邢兩疏。亦有道字。俱足爲古本有道字之證。子貢曰。詩云。如切如磋。如琢如磨。其斯之謂與。孔安國曰。能貧而樂道。富而好禮者。能自切磋琢磨者。補惟孝曰。詩衞風淇澳篇。爾雅曰。治骨曰切。治象曰磋。治玉曰琢。治石曰磨。○磋七多反。磨末多反。釋文出摩字云。一本作磨。阮元云。磨摩正俗字。與音餘。皇本與下有也字。子曰。賜也始可與言詩已矣。告諸往而知來者。

孔安國曰。諸之也。子貢知引詩以成孔子義。善取類。故然之。往告之以貧而樂道。來答以切磋琢磨。

○皇本者下有也字。

子曰。不患人之不己知。患不知人也。

補校勘記云。皇本作不患人之不己知也。患己不知人也。釋文出患不知也云。本或作患己不知人也。俗本妄加字。案經義雜記云。據釋文知古本作患不知也。蓋與里仁不患莫己知求爲可知也。先進居則曰不吾知也。如或知爾則何以哉。語意同。今邢疏及集註本皆作患不知人也。人字亦淺人所加。王肅曰。但患己之無能知也。此註唯皇本有之。各本並脫。

爲政第二

凡二十四章

子曰。爲政以德。譬如北辰居其所。而衆星拱之。包氏曰。德者無爲。猶北辰之不移。而衆星拱之也。〔補〕爾雅釋天曰。北極謂之北辰。○諸本拱作共。釋文出衆星共云。求用反。鄭作拱。俱勇反。與此同。太宰純引藉田賦曰。文選字正作拱。朱注從之。

子曰。詩三百。孔安國曰。篇之大數。〔補〕皇侃曰。三百者。詩篇大數也。詩有三百五篇。此舉其全數也。一言以蔽之。包氏曰。蔽猶當也。〔補〕鄭玄曰。蔽塞也。○蔽必世反。曰。思無邪。包氏曰。歸於正。〔補〕朱熹曰。思無邪。魯頌駉篇之辭。○邪似嗟反。

子曰。道之以政。孔安國曰。政謂法教。○道音導。下同。皇本高麗本作導。下節同。漢石經作道。阮元曰。按後漢書朱景王杜馬劉傳馬傳論。又杜林傳並引作導之以政。漢石經作道。用假借字。齊之以刑。馬融曰。齊整之以刑罰。民免而無恥。孔安國曰。苟免。道之以德。包氏曰。德。謂道德。齊之以禮有恥且格。格。正也。補鄭玄曰。格。來也。太宰純引禮緇衣云。齊之以禮。則民有格心。惟孝按後漢書貨殖傳。作有恥而且敬。則格或敬格之義。

子曰。吾十有五而志于學。三十而立。有所成立。○按勘記云。漢石經高麗本。于作乎。皇本于作於。案翟灝四書攷異曰。此經自引詩書外。例用於字。今此獨變體爲于。疑屬乎字傳寫誤。漢石經論衡實知篇。作乎。而朱注亦云志乎。此可思也。四十而不惑。孔安國曰。不疑惑。五十而知天命。孔安國曰。知天命之終始。補皇侃曰。知窮通之分。故王弼云。天命廢行有期。知道終不行也。又曰。分限所在也。六十而耳順。鄭玄曰。耳聞其言。而知其微旨。補皇侃曰。順。謂不逆也。荻茂卿曰。及年漸高。諳世故。通人情。天下無復逆耳之言。七十而從心所欲不踰矩。馬融曰。矩法也。從心所欲。無非法。補皇侃曰。從猶放也。

孟懿子問孝。孔安國曰。魯大夫仲孫何忌。懿。謚也。子曰。無違。樊遲御。子告之曰。孟孫問孝於我。我對曰無違。鄭玄曰。孟孫不曉無違之意。將問於樊遲。故告之。樊遲弟子樊須也。補家語。樊須字子遲。孔子弟子。皇侃曰。御。御車也。○漢石經。無作毋。樊遲曰。何謂也。子曰。生事之以禮。死葬之以禮。祭之以禮。補皇侃曰。三家僭濫違禮。故孔子以每事須禮爲答也。

孟武伯問孝。子曰。父母唯其疾之憂。馬融曰。武伯。懿子之子。仲孫彘。武謚也。言孝子不妄爲非。唯疾病然後使父母憂耳。

子游問孝。孔安國曰。子游。弟子。姓言。名偃。子曰。今之孝者。是謂能養。至於犬馬。皆能有養。不敬。何以別乎。包氏曰。犬以守禦。馬以代勞。能養人者。一曰。人之所養。乃能至於犬馬。不敬則無以別。孟子曰。養而弗愛。豕畜也。愛而弗敬。獸畜也。[補]太宰純曰。坊記。子云。小人皆能養其親。君子不敬。何以辨。晉求篇引李嶠馬周東晳等之語。證何晏之誤。○養。羊尚反。下同。別。彼列反。漢石經無乎字。

子夏問孝。子曰。色難。色難。謂承望父母顏色。乃爲難也。[補]朱熹曰。色難。謂事親之際。惟色爲難也。蓋孝子之有深愛者。必有和氣。有和氣者。必有愉色。惟孝曰。朱熹所引祭義之文。有事。弟子服其勞。有酒食。先生饌。馬融曰。先生。謂父兄。饌。飲食也。[補]服。謂執持也。勞。勞苦也。○食音嗣。饌士眷反。按勘記云。釋文出先生饌云。鄭作餕。音俊。食餘曰餕。

案馬注。饌飲食也。是馬本作饌。蓋作餕者古論。作餕者魯論也。釋文攷證引饋食禮注。饌與餕同。

曾是以爲孝乎。 馬融曰。孔子喩子夏曰。服勞先食。汝謂此爲孝乎。未足爲孝也。承順父母顏色。乃爲孝耳也。補馬融云。曾則。皇侃曰。嘗也。荻生茂卿曰。古者曾皆訓乃。○曾音增。

子曰。吾與回言終日。不違如愚。 孔安國曰。回弟子。姓顏名回。字子淵。魯人也。不違者。無所怪問於孔子之言。默而識之如愚。**退而省其私。亦足以發。回也不愚。** 孔安國曰。察其退還與二三子。說釋道義。發明大體。知其不愚。補蔡清曰。退。顏氏退也。太宰純從之。孔注亦同意。○皇本愚下有也字。

子曰。視其所以。 以。用也。言視其所行用。補皇侃曰。視。直視也。荻茂卿曰。或曰。如不我以之。以訓與。**觀其所由。** 由。經也。言觀其所經從。補皇侃曰。觀。廣瞻也。**察其所**

安人焉廋哉。人焉廋哉。孔安國曰。廋。匿也。言。觀人終始。安有所匿其情也。○焉於虔反。廋所畱反。

子曰。溫故而知新。可以爲師。溫。尋也。尋繹故者。又知新者。可以爲師矣。補鄭玄中庸注云。溫讀如燖溫之溫。左傳哀十二年。子貢對曰。盟可尋也。亦可寒也。○溫烏門反。

子曰。君子不器。包氏曰。器者各周其用。至於君子。無所不施。

子貢問君子。子曰。先行其言。而後從之。孔安國曰。疾小人多言而行不周。補皇侃曰。行從言也。

子曰。君子周而不比。孔安國曰。忠信爲周。阿黨爲比。○比毗志反。小人比而不周。

子曰。學而不思則罔。包氏曰。學而不尋思其義理。則罔然無所得。○罔本又作冈。思而不學則殆。不學而思。終卒不得。使人精神疲殆。補惟孝曰。使人空疲勞。所以危殆也。○殆音待。

子曰。攻乎異端。斯害也已。攻。治也。善道有統。故殊塗而同歸。異端不同歸。補荻生茂卿曰。異端。猶多端也。

子曰。由誨汝知之乎。孔安國曰。由。弟子。姓仲。名由。字子路。補惟孝曰。此章因家語三恕篇。荀子子道篇。爲子路盛服顏色充盈發。○按勘記出誨女云。皇本高麗本毛本女作汝。後並倣此。釋文出誨女云。音汝。後可以意求之。知之爲知之。不知爲不知。是知也。補知也之知。如字。又音智。皇本不知下有之字。

子張學干祿。鄭玄曰。子張。弟子。姓顓孫。名師。字子張。干。求也。祿。祿位也。補惟孝按以子張之賢。問夫子以求祿位之事乎。干祿則與詩所謂干祿豈悌同。荻生茂卿曰。學干祿之道。與請學農圃類同。史記學作問。○子曰。多聞闕疑。愼言其餘。則寡尤。包氏曰。尤過也。疑則闕之。其餘不疑。猶愼言之。則少過。多見闕殆。愼行其餘。則寡悔。包氏曰。殆危也。所見危者。闕而不行。則少悔。言寡尤。行寡悔。祿在其中矣。鄭玄曰。言行如此。雖不得祿。得祿之道。

哀公問曰。何爲則民服。包氏曰。哀公。魯君謚。補哀公名蔣。定公之子。孔子對曰。舉直錯諸枉。則民服。包氏曰。錯置也。舉用正直之人。廢置邪枉之人。則民服其上。補孫季和曰。舉直而加之枉之上。則民服。舉枉而加之直之上。則民不服。荻生茂卿曰。錯。非廢置之義也。諸。之乎也。太宰純引易繫辭。禮樂記舉而錯諸天下。○錯七路反。鄭本作措。投也。阮元曰。按措正字。古經傳多假錯字爲之。枉紆往反。舉枉錯諸直則民不服。

季康子問使民敬忠以勸。如之何。孔安國曰。魯卿季孫肥。康。諡也。

子曰。臨之以莊則敬。包氏曰。莊。嚴也。君臨民以嚴。則民敬其上也。○皇本臨下有民字。又則敬作則民敬。阮元曰。案作臨民。作臨之。俱可。若民之連用。則不詞矣。疑皇本誤。孝慈則忠。包氏曰。君能上孝於親。下慈於民。則民忠矣。舉善而教不能則民勸。包氏曰。舉用善人而教不能者。則民勸。○各本則民勸作則勸。皇本與此同。

或謂孔子曰。子奚不爲政。包氏曰。或人以爲居位乃是爲政。補奚。何也。執政柄者。古人多云爲政。見左氏等。蓋所以有此注也。子曰。書云。孝乎惟孝。友于兄弟。施於有政。是亦爲政。奚其爲爲政。包氏曰。孝乎惟孝。美大孝之辭。友于兄弟。善於兄弟。施。行也。所行有政道。即是與爲政同。○皇本乎作于。注同。釋文出孝于云。一本作孝乎。阮元曰。案惠棟九經古義云。蔡邕石經亦作于。故包咸註云。孝于惟孝。美大孝之辭。後世儒者據晉世所出君陳篇。改孝于爲乎。以惟孝屬下句。以合之。若非漢石經及包氏註。亦安從而是正邪。皇本是亦爲政下有也字。釋文出奚其爲爲政也云。一本無一爲字。

子曰。人而無信。不知其可也。孔安國曰。言人而無信。其餘終無可。大車無輗。小車無軏。其何以行之哉。包氏曰。大車。牛車。輗者。轅端橫木。以縛軛者。小車。駟馬車。軏者。轅端上曲鉤衡者。

補 皇侃曰。牛車二轅。轅頭安輗。與今異也。古時則先取一横木。縛兩轅頭。又別取曲木爲軛。縛著横木。以駕牛脰也。四馬之車。中央唯有一轅。轅頭曲向上。此拘駐衡。○車音居。輗五兮反。軏五忽反。又音月。

子張問十世可知也。孔安國曰。文質禮變。〔補〕皇侃曰。從今以後方來之事。假設十代之法。可得逆知以不乎。○釋文出十世可知也云。一本作可知乎。鄭本作可知。子曰殷因於夏禮所損益可知也周因於殷禮所損益可知也。馬融曰。所因謂三綱五常。所損益謂文質三統。〔補〕皇侃曰。三綱謂夫婦父子君臣也。三事爲人生之綱領。故云三綱也。五常謂仁義禮智信也。又曰。正朔三而改。尚書大傳云。夏以孟春爲正。殷以季冬爲正。周以仲冬爲正。又云。夏以平旦爲朔。殷雞鳴。周夜半。又引白虎通云。夏爲人正。殷爲地正。周爲天正。邢昺曰。建子之月爲正者。謂之天統。建丑之月地統。建寅之月人統。○夏戸雅反。

其或繼周者。雖百世亦可知也。馬融曰。物類相招。勢數相生。其變有常。故可預知。○各本無亦字。皇本高麗本與此同。

子曰。非其鬼而祭之。諂也。鄭玄曰。人神曰鬼。非其祖考而祭之者。是諂以求福。○諂勑檢反。見義不爲。無勇也。孔安國曰。義所宜爲。而不能爲。是無勇也。

論語卷一　畢

論語卷二

何晏集解
山本惟孝補解

八佾第三 凡二十六章

孔子謂季氏八佾舞於庭。是可忍也。孰不可忍也。

馬融曰。孰誰也。佾列也。天子八佾。諸侯六。卿大夫四。士二。八人爲列。八八六十四人。魯以周公故受王者禮樂。有八佾之舞。今季桓子僭於其家廟舞之。故孔子譏之。【補】邢昺曰。佾列。書傳通訓也。云天子八佾。諸侯六。大夫四。士二者。隱五年左傳文也。皇侃曰。忍猶容耐。邢昺曰。以陪臣而僭天子最難容忍。謝良佐曰。季氏忍之矣。何所憚而不爲乎。毛奇齡曰。晉庾亮欲黜王導。郗鑒不從。曰是而可忍。孰不可忍。

○佾音逸。

三家者以雍徹。馬融曰。三家。謂仲孫叔孫季孫。雍周頌臣工篇名。天子祭於宗廟歌之以徹祭。今三家亦作此樂。○雍於容反。詩作雝同。徹直列反。釋文出撤字云。本或作徹。子曰。相維辟公天子穆穆。奚取於三家之堂。包氏曰。辟公。謂諸侯及二王之後。穆穆。天子之容。雍篇歌此者。有諸侯及二王之後來助祭故也。今三家但家臣而已。何取此義而作之於堂邪。○相息亮反。助也。辟必亦反。君也。皇本穆穆下有矣字。

子曰。人而不仁。如禮何。人而不仁。如樂何。包氏曰。言人而不仁。必不能行禮樂。

林放問禮之本。鄭玄曰。林放魯人。子曰。大哉問。禮與其奢也寧儉。喪與其易也寧戚。包氏曰。易和易也。言禮之本意。失於奢不如儉。喪失於和易。不如哀戚也。補鄭玄曰。易簡也。朱熹曰。易治也。惟孝曰。禮檀弓云。易墓非古。又賈棺内外易。○易以豉反。戚千歷反。

子曰。夷狄之有君。不如諸夏之亡也。包氏曰。諸夏。中國。亡。無也。

補皇侃曰。此章重中國賤蠻夷也。惟孝曰。先儒之說皆同。至程朱則曰。夷狄且有君長。不如諸夏之僭亂。其言頗似有理。今案不如與下文不如林放之不如同。前後之章皆重禮。○夏戸雅反。亡音無。

季氏旅於泰山。子謂冉有曰。汝弗能救與。馬融曰。旅。祭名也。禮。諸侯祭山川在其封內者。今陪臣祭泰山。非禮也。冉有。弟子冉求。時仕於季氏。救。猶止也。補周禮大宗伯職云。國有大故。則旅上帝及四望。鄭注云。旅。陳也。○旅音呂。與音餘。皇本高麗本弗作不。

對曰。不能。子曰。嗚呼。曾謂泰山不如林放乎。包氏曰。神不享非禮。林放尚知禮。泰山之神。反不如林放邪。欲誣而祭之。補曾。則也。○釋文云本或作烏乎。音同。曾則登反。

子曰君子無所爭必也射乎。孔安國曰。言於射而後有爭。○爭責衡反。揖讓而升下而飲。王肅曰。射於堂。升及下。皆揖讓而相飲。○釋文云。升下絕句。鄭注賓之初筵引此則云。下而飲。飲於鳩反。又如字。其爭也君子。馬融曰。多算飲少算。君子之所爭。【補】皇侃曰。射儀云。禮初。主人揖賓而進。交讓而升堂。及射竟。勝負既決。下堂。猶揖讓不忘禮。故云揖讓而升下也。

子夏問曰。巧笑倩兮。美目盼兮。素以爲絢兮。何謂也。馬融曰。倩。笑貌。盼。動目貌。絢。文貌。此上二句。在衞風碩人之二章。其下一句逸也。○倩七練反。盼普莧反。字林云。美目也。絢呼縣反。鄭云。文成章曰絢。攷證云。舊盼譌盻。今改正。子曰繪事後素。鄭玄曰。繪。畫文也。凡畫繪先布衆色。然後以素分其間。以成其文。喩美女雖有倩盼美質。亦須禮以成之。補 周禮考工記曰。凡畫繢之事。後素功。○繪胡對反。釋文云。本又作繢。阮元曰。案繪繢古通用。周禮考工記。凡畫繢之事。後素功。註及文選夏侯常侍誄注。並引作繢。

曰禮後乎。孔安國曰。孔子言繪事後素。子夏聞而解。知以素喩禮。故曰禮後乎。

子曰。起予者商也。始可與言詩已矣。包氏曰。予我也。孔子言子夏能發明我意。可與共言詩已。○漢石經無者字。

子曰。夏禮吾能言之。杞不足徵也。殷禮吾能言之。宋不足徵也。包氏曰。徵成也。杞宋二國名。夏殷之後。夏殷之禮。吾能說之。杞宋之君。不足以成也。補 朱熹曰。徵。證也。太宰純曰。中庸云。雖善無徵。徵之爲證。於斯爲的。楊愼亦曰。徵當音證。

左傳不徵辭。注。徵音證。言語相違而不明證。其辭與尚書明徵定保音義同。○夏戶雅反。

文獻不足故也。足則吾能徵之矣。

鄭玄曰。獻猶賢也。我不以禮成之者。以此二國之君。文章賢才不足故也。

子曰。禘自既灌而往者。吾不欲觀之矣。

孔安國曰。禘祫之禮。爲序昭穆。故毀廟之主。及羣廟之主。皆合食於太祖。灌者。酌鬱鬯灌於太祖。以降神也。既灌之後。別尊卑。序昭穆。而魯逆祀。躋僖公。亂昭穆。故不欲觀之矣。【補】爾雅曰。禘大祭也。家語廟制篇云。凡四代帝王之所謂郊者。皆以配天。其所謂禘者。皆五年大祭之所及也。鄭玄曰。禘者。諦也。言使昭穆之次審諦而不亂也。毛奇齡曰。禘祭有三。論語之禘。當是不王不禘之禘。禮運曰。孔子曰。魯之郊禘。非禮也。周公其衰矣。楊用修曰。明堂位曰。成王以周公有勳勞於天下。命魯公世祀周公。以天子禮樂。漢儒魯頌閟宮傳。遂緣此以解皇皇上帝皇祖后稷之文。宋儒程子曰。周公之功固大矣。然皆臣子之分所當爲。魯安得獨用天子之禮樂哉。成王之賜。伯禽之受。皆非也。其論正矣。其事則未之詳考也。魯用天子禮樂。魯之末世失禮也。非始於成王伯禽。明堂位之作。周末陋儒之失辭也。按呂氏春秋魯惠公請郊廟之禮於周。天子使史角往報之。所謂天子。蓋平王也。使成王果賜伯禽。則惠公又何復請之有。其曰天子使史角往報之。蓋亦未之許也。萬斯大亦云。禮不王不禘。東遷之後。王綱不振。禮樂崩壞。諸侯行禘者有之。若魯若晉是也。雖僭用之。未嘗不自知其非。故詭爲成王賜伯禽受之言。以文其罪。呂覽載魯惠公使宰讓請郊廟之禮樂。王使史角往魯。魯公止之。其言必有所據者。路史謂魯公止之。是周不與之矣。不與而有郊有禘。是魯自僭之也。

或問禘之說。子曰。不知也。孔安國曰。答以不知者。爲魯君諱。知其說者之於天下也。其如示諸斯乎。指其掌。包氏曰。孔子謂或人言知禘禮之說者。於天下之事。如指示以掌中之物。言其易了。補朱熹曰。示與視同。

祭如在。孔安國曰。言事死如事生。祭神如神在。孔安國曰。謂祭百神。補丘光庭曰。祭如在者。孔子之前。相傳有此言也。孔子解之曰。祭神如神在耳。子曰。吾不與祭。如不祭。包氏曰。孔子或出或病。而不自親祭。使攝者爲之。故不致肅敬於心。與不祭同。○與音預。

王孫賈問曰。與其媚於奧。寧媚於竈。何謂也。孔安國曰。王孫賈。衞大夫。奧。內也。以喩近臣。竈以喩執政。賈者執政者。欲使孔子求昵之。故微以世俗之言。感動之也。補鄭玄曰。奧。西南隅也。朱注以爲奧喩君。似有理。而焉知當時之語。非指近習哉。孔注不可不從。○媚美記反。奧烏報反。子曰。不然。獲罪於天。無所禱也。孔安國曰。天以喻君。孔子拒之曰。如獲罪於天。無所禱於衆神。○禱丁老反。一音都報反。

子曰。周監於二代。郁郁乎文哉。吾從周。孔安國曰。監。視也。言周文章備於二代。當從周也。【補】漢書曰。昔周監於二代。三聖制法。立爵五等。封國八百。論衡曰。周監二代。漢監周秦。然則蘭臺之官。國所監得失也。惟孝曰。監。恐如監于有夏。監于有殷之監。○監古暫反。郁於六反。九經古義云。汗簡云。古論語郁作彧。漢石經仍作郁。阮元曰。案說文。彧有文章也。彧即彧字之省。

子入太廟。包氏曰。太廟。周公廟。孔子仕魯。魯祭周公。而助祭也。○唐石經皇本太作大。後倣此。釋文云。大音泰。每事問。或曰。孰謂鄹人之子知禮乎。入太廟每事問。孔安國曰。鄹孔子父叔梁紇所治邑。時人多言孔子知禮。或人以爲知禮者。不當復問。補太宰純曰。鄹人之子者。輕之也。○鄹側留反。子聞之曰。是禮也。孔安國曰。雖知之。當復問慎之至也。補春秋繁露曰。孔子入太廟每事問。慎之至也。

子曰。射不主皮。馬融曰。射有五善焉。一曰和志體和。二曰和容。有容儀。三曰主皮。能中質。四曰和頌。合雅頌。五曰興武。與舞同。天子有三侯。以熊虎豹皮爲之。言射者不但以中皮爲善。亦兼取和容也。補朱熹曰。射不主皮。鄉射禮文。皇侃曰。射有五善者。引周禮鄉大夫射五物之法。以證之也。爲力不同科。古之道也。馬融曰。爲力。爲力役之事。亦有上中下。設三科焉。故曰不同科。○科苦和反。

子貢欲去告朔之餼羊。鄭玄曰。牲生曰餼。禮。人君每月告朔於廟有祭。謂之朝享。魯自文公始不視朔。子貢見其禮廢。故欲去其羊。[補]毛奇齡曰。舊注無學識。鄭康成引始不視朔一語。而朱注又仍之。雖告朔與視朔本一時所行。然終是兩事。周禮。太史頒告朔于邦國。注謂天子頒朔于諸侯。諸侯藏之祖廟。至每月朔。必朝于廟。而受行之。于是乎以腥羊作獻。謂之餼羊。則此餼羊者。本朝廟告朔之物。至告朔畢夫然後出而聽治。此月之政。謂之視朔。故玉藻曰。皮弁以聽朔於大廟。朝服以日視朝於內朝。是告朔視朔截然兩事。惟孝按周禮。告朔與視朔不同。告朔當有羊。視朔當無羊。今云不視朔之故。欲去其羊。則似混同告朔與視朔之禮。是以毛氏非其鹵莽。然因公不視朔。併廢告朔禮。亦未可知也。

○去起呂反。告古篤反。餼許氣反。

子曰。賜也。爾愛其羊。我愛其禮。包氏曰。羊在。猶所以識其禮。羊亡。禮遂廢。○唐石經爾作女。皇本高麗本作汝。

子曰。事君盡禮。人以爲諂也。孔安國曰。時事君者。多無禮。故以有禮者爲諂。○盡津忍反。諂勑檢反。高麗本無也字。

定公問。君使臣。臣事君。如之何。孔安國曰。定公。魯君諡。時臣失禮。定公患之。故問之。孔子對曰。君使臣以禮。臣事君以忠。補邢昺曰。禮。守國家。定社稷。

子曰。關雎。樂而不淫。哀而不傷。孔安國曰。樂不至淫。哀不至傷。言其和也。補皇侃曰。關雎者。即毛詩之初篇也。樂得淑女以配君子。是共爲政風之美耳。非爲淫也。詩序曰。關雎之詩。自是哀窈窕。思賢才故耳。而無傷善之心。○雎七餘反。

哀公問社於宰我。宰我對曰。夏后氏以松。殷人以

柏。周人以栗。曰使民戰栗。孔安國曰。凡建國立社。各以其土所宜之木。宰

我不本其意。妄爲之說。因周用栗。便云使民戰栗。

補 白虎通曰。社稷所以有樹何。尊而識之。使民人

望見師敬之。又所以表功也。故周官曰。司社而樹

之。各以土地所生。尚書曰。大社唯松。東社唯柏。南

社唯梓。西社唯栗。北社唯槐。皇侃曰。社。社稷也。哀

公見社稷種樹之不同。故問宰我也。程頤曰。社字

本是主字。毛奇齡云。齊論作主。問廟主之木也。張

禹本如此。故春秋文二年。作僖公主。公羊曰。虞主

用桑。云云。何休杜預引論語夏后氏以松殷人以

柏周人以栗爲證。而朱氏集注又云。古者立社。各

樹其土之所宜以爲主。則似已問社又問主。既而

知其錯解周禮田主二字。以致大誤。又云。周禮田

主田祖之稱。非田神木主也。周禮大司徒封人二

職。有設社稷壇壝而樹之語。謂國中社壇也。大司

徒又云。田主各以其野之所宜木。遂以名其社與

其野。謂在野耕籍壇也。耕籍祀先農。不祀社。而亦

以社名。特社壇社主。用石不用木。而在野藉壇。則併石亦無。但依其野所宜木以捿田神。而其壇與野以樹名。如松社栗社之類。蓋藉壇爲耕社設。原與大社相表裏。而其制有異。朱氏注不解田主之非神主。又不識社主之用石不用木。又不識藉壇之并無主。妄以周禮主字。謬合之齊論廟中之主。〇釋文出問社云。鄭本作主云。主田主。謂社。阮元曰。案左氏文二年經丁丑作僖公主。正義云。論語哀公問主於宰我。古論語及孔鄭皆以爲社主。以張包周等並爲廟主。故杜所依用。皇本高麗本栗下有也字。

子聞之曰。成事不說。包氏曰。事已成。不可復解說。遂事不諫。包氏曰。事已遂。不可復諫止。既往不咎。包氏曰。事已往。不可復追咎。孔子非宰我。故歷言此三者。欲使愼其後。

子曰。管仲之器小哉。言其器量小也。補朱熹曰。管仲齊大夫。名夷吾。惠棟曰。管子中匡篇。施伯謂魯侯曰。管仲者。天下之賢人也。大器也。蓋當時有以管仲爲大器者。故夫子辨之。新書雜事篇云。孔子曰。小哉管仲之器。蓋其遇桓公。惜其不能以王也。

或曰管仲儉乎。包氏曰。或人見孔子小之。以爲謂之太儉。**曰管氏有三歸官事不攝焉得儉乎。**包氏曰。三歸。娶三姓女。婦人謂嫁爲歸。攝猶兼也。禮。國君事大。官各有人。大夫并兼。今管仲家臣備職。非爲儉。

補 晏子春秋雜下篇。公不許曰。昔吾先君桓公有管仲。恤勞齊國。身老。賞之以三歸。澤及子孫。今夫子亦相寡人。欲夫子三歸澤至子孫。戰國策云。齊桓公宮中女市女閭七百。國人非之。管仲故爲三歸之家。以掩桓公。非自傷於民也。韓子外儲說云。管仲相齊云云。曰。使子有三歸之家。雜篇亦在說苑。說苑曰。管仲筑三歸之臺。以自傷於民。史記管仲傳。管仲富擬於公室。有三歸反坫。漢書食貨志云。管仲相齊桓。娶三歸。禮。諸侯一娶三國九女。今案如說苑所載。疑爲三娶筑臺也。○焉於虔反。諸本無乎字。皇本與此同。曰。然則管仲知禮乎。包氏曰。或人以儉問。故答以安得儉。或人聞不儉。便謂爲得禮。○諸本然上無曰字。皇本高麗本與此同。

曰。邦君樹塞門。管氏亦樹塞門。邦君爲兩君之好有反坫。管氏亦有反坫。鄭玄曰。反坫。反爵之坫在兩楹之間。人君有別內外於門樹屏以蔽之。若與鄰國君爲好會。其獻酢之禮。更酌。酌畢則各反爵於坫上。今管仲皆僭爲之如是。是不知禮。補郊特牲臺門而旅樹。反坫。明堂位。反坫。雜記。旅樹反坫。○爲于僞反。又如字。好呼報反。坫丁念反。漢石經避高帝諱。邦作國。後放此。管氏而知禮。孰不知禮。○皇本作孰不知禮也。

子語魯大師樂曰。樂其可知已也。始作翕如也。大師樂官名。五音始奏。翕如盛。[補]鄭玄曰。翕如。變動貌。皇侃曰。翕。習也。○語魚據反。大音泰。閩本毛本字作太。諸本已也之已。無。皇本高麗本作也已。翕許及反。

從之純如也。從讀曰縱。言五音既發。放縱盡其聲。音純如。和諧也。[補]鄭玄曰。從之。八音皆作。○從子用反。校勘記云。按史記孔子世家。從作縱。後漢書班固傳註。亦引作縱。當是古論。唐石經避憲宗諱。純作紑。後放此。

皦如也。言其音節明也。[補]鄭玄曰。清別之貌。○皦古了反。

繹如也。以成。縱之以純如皦如繹如。言樂始翕如。而成於三。[補]鄭玄曰。繹如。志意條達之貌。○皇本以成下有矣字。

儀封人請見。鄭玄曰。儀。蓋衞邑。封人。官名。○見賢遍反。

曰君子之至於斯也吾未嘗不得見也。從者見之。包氏曰。從者。弟子。隨孔子行者。通使得見。○從才用反。皇本高麗本斯也之也作者。

出曰。二三子何患於喪

乎。天下之無道也久矣。孔安國曰。語諸弟子言。何患於夫子聖德之將喪亡邪。天下之無道已久矣。極衰必有盛。補朱熹曰。喪謂失位去國。禮曰。喪欲速貧。是也。○喪息浪反。高麗本無也字。天將以夫子爲木鐸。孔安國曰。木鐸。施政教時所振也。言天將命孔子制法度。以號令於天下。補皇侃曰。用木爲舌謂之木鐸。朱熹注或曰。木鐸所以徇于道路。言天使夫子失位。周流四方。以行其教。如木鐸之徇于道路也。○鐸直洛反。

子謂韶盡美矣。又盡善也。孔安國曰。韶舜樂。謂以聖德受禪。故曰盡善。○韶常遙反。盡津忍反。嘉定錢大昕養新錄云。漢書董仲舒傳。本引又盡善矣。上矣下也。語意不同。當是論語古本。今漢書亦改作也。唯宋景祐本是矣字。西漢策要與景祐本同。謂武盡美矣。未盡善也。孔安國曰。武武王樂也。以征伐取天下。故未盡善。補太宰純從荻茂卿之說云。唯其盡善。是以夫子聞之於齊。猶能忘肉味。唯其未盡善。是以夫子與賓牟賈論之。而不能竟其說。

子曰。居上不寬。爲禮不敬。臨喪不哀。吾何以觀之哉。

補 荻茂卿曰。臨喪。臨他人之喪也。

里仁第四　凡二十六章

子曰。里仁爲美。

鄭玄曰。里者。民之所居。居於仁者之里。是爲美。補 趙岐注孟子云。里居。程顥又云。里居。今案周禮量人。軍社之所里。注里居也。荀子大略篇云。仁有里。義有門。仁非其里而處之。非禮也。義非其門而由之。非義也。○高麗本美作善。

擇不處仁。焉得知。

鄭玄曰。求善居而不處仁者之里。不得爲有知。○處昌呂反。焉於虔反。知音智。皇本高麗本作智。注同。後並放此。阮元曰。案困學紀聞載。張衡思玄賦註。引論語宅不處仁。謂古文本作宅字。九經古義云。按釋名曰。宅。擇也。擇吉處而營之。是宅有擇義。或古文作宅。訓爲擇。亦通。

子曰。不仁者。不可以久處約。孔安國曰。久困則爲非也。○處昌呂反。下同。不可以長處樂。孔安國曰。必驕佚。○樂音洛。仁者安仁。包氏曰。唯性仁者。自然體之。故謂安仁。知者利仁。王肅曰。知仁爲美。故利而行之。○知音智。

子曰。唯仁者。能好人。能惡人。孔安國曰。唯仁者。能審人之好惡。○好呼報反。惡烏路反。閩本北監本唯作惟。阮元曰。按論語至書多作唯。

子曰。苟志於仁矣。無惡也。孔安國曰。苟誠也。言誠能志於仁。則其餘終無惡也。○惡如字。又烏路反。漢石經高麗本無也字。

子曰。富與貴。是人之所欲也。不以其道得之。不處也。孔安國曰。不以其道得富貴則仁者不處。○處昌呂反。貧與賤。是人之所惡也。不以其道得之。不去也。時有否泰。故君子履道而反貧賤。此則不以其道而得之者。雖是人之所惡。不可違而去之。補皇侃曰。若依道理。則有道者宜富貴。無道者宜貧賤。則是理之常道也。今若有道。而身反貧賤。此是不以其道而得也。又曰。時有否泰。運有通塞。雖所招非已分。而不可違去我正道。所以顏愿安貧。不更他方橫求也。盧一誠曰。富貴不以道。如孔子得衞卿。貧賤不以道。如孔子不得位之類。審富貴則心不爲富貴所蕩。安貧賤則心不爲貧賤所困。所謂仁也。所以爲君子。張守節曰。於人之所欲而不處於人之所惡而不去。蓋其欲惡有大於富貴貧賤。惟道所在而已。○惡烏路反。君子去仁。惡乎成名。孔安國曰。惡乎成名者。不得成名爲君子。○惡音烏。君子無終食之間違仁。造次必於是。顚沛必於是。馬融曰。造次。急遽。顚沛。偃仆。雖急遽偃仆不違仁。補鄭玄曰。造次。蒼卒也。○造七報反。沛音貝。

子曰。我未見好仁者。惡不仁者。好仁者。無以尚之。孔安國曰。難復加也。○好呼報反。下同。惡烏路反。下同。漢石經上好仁下無者字。惡不仁者。其爲仁矣。不使不仁者加乎其身。孔安國曰。言惡不仁者。能使不仁者不加非義於己。不如好仁者無以加尚之爲優。有能一日用其力於仁矣乎。我未見力不足者。孔安國曰。言人無能一日用其力修仁者耳。我未見欲爲仁而力不足者。○皇本仁下有者字。不足者下有也字。蓋有之矣。我未之見也。孔安國曰。謙不欲盡誣時人言不能爲仁。故云爲能有爾。其我未見。○皇本高麗本矣作乎。

子曰。人之過也。各於其黨。觀過斯知仁矣。孔安國曰。黨。黨類也。小人不能爲君子之行。非小人之過。當恕而勿責之。觀其過使賢愚各當其所。則爲仁矣。補殷仲堪曰。直者以改邪爲義。失在於寡恕。仁者以惻隱爲誠。過在於容非。是以與仁同過。其仁可知。○皇本高麗本人作民。

子曰。朝聞道。夕死可矣。言將至死。不聞世之有道。○漢石經矣作也。

子曰。士志於道。而恥惡衣惡食者。未足與議也。

子曰。君子之於天下也。無適也。無莫也。義之與比。

言君子之於天下。無適無莫。無所貪慕。唯義所在也。補范甯曰。適莫猶厚薄也。比親也。○適丁歷反。鄭本作敵。惠棟云。古敵字皆作適。引禮記雜記。荀子。史記范睢傳。田單傳。李斯傳等證之。莫武博反。鄭音慕。比毗志反。皇本比下有也字。

子曰。君子懷德。孔安國曰。懷安也。小人懷土。孔安國曰。重遷。補皇疏一說云。君若化民安德。則下民安其土。所以不遷也。君子懷刑。孔安國曰。安於法。○漢石經刑作刑。小人懷惠。包氏曰。惠恩惠。補皇疏一說云。人君若安於刑辟。則民下懷利惠也。李充說亦同。唯懷刑之懷如本字訓思。瑯琊代醉編引佔畢。以刑爲儀刑之刑。似有理。今案懷恐懷德維寧之懷。刑刑罰之刑。古人多德刑對稱者。

子曰。放於利而行。孔安國曰。放依也。每事依利而行。○放方往反。多怨。孔安國曰。取怨之道。

子曰。能以禮讓爲國乎。何有。何有者。言不難。不能以禮讓爲國。如禮何。包氏曰。如禮何者。言不能用禮。

子曰。不患無位。患所以立。不患莫己知。求爲可知也。包氏曰。求善道而學行之。則人知己。

子曰。參乎。吾道一以貫之。曾子曰。唯。孔安國曰。直曉不問。故答曰唯。補皇侃曰。貫猶統也。譬如以繩穿物。有貫統也。○參所金反。九經字樣云。曑曑上説文下隷省與參字不同。參音驂。從厽。今經典相承通作參。孝經參不敏。釋文本作曑。音所林反。貫古亂反。唯維癸反。皇本高麗本之下有哉字。子出。門人問曰。何謂也。曾子曰。夫子之道忠恕而已矣。補皇侃曰。忠謂盡中心也。恕謂忖我以度於人也。又云。以己測物。則萬物之理。可皆窮驗也。太宰純曰。中庸曰。忠恕違道不遠。在中庸誠之之功。自忠恕始。孟子曰。強恕而行。求仁莫近焉。若此章之言。爲一貫之義難說也。且指示造道之方爾。○恕音遮。

子曰。君子喻於義。小人喻於利。孔安國曰。喻。猶曉也。

子曰。見賢思齊焉。包氏曰。思與賢者等。見不賢而內自省也。補高麗本不賢下有者字。

子曰。事父母幾諫。包氏曰。幾。微也。當微諫納善言於父母。補坊記曰。微諫不倦。○幾音機。見志不從。又敬不違。勞而不怨。包氏曰。見志。見父母志有不從己諫之色。則又當恭敬不敢違父母意。而遂己之諫。○皇本敬下有而字。高麗本勞下之而無。

子曰。父母在。不遠遊。遊必有方。鄭玄曰。方。猶常也。補曲禮曰。所遊必有常。○皇本不上有子字。

子曰。三年無改於父之道。可謂孝矣。鄭玄曰。孝子在喪。哀戚思慕。無改其父之道。非心所忍為。補陸德明曰。此章與學而篇同。當是重出。學而是孔注。今此是鄭注。本或二處。皆有集解。或有無者。伊藤維楨曰。凡諸章重出者。蓋夫子屢言。而門人互錄之。

子曰。父母之年。不可不知也。一則以喜。一則以懼。孔安國曰。見其壽考則喜。見其衰老則懼。○陸德明曰。此章註。或云孔註。或云包氏。又作鄭玄。語辭未知孰是。

子曰。古者言之不出。恥躬之不逮也。包氏曰。古人之言。不妄出口。為恥身行之將不及。○逮音代。又大計反。皇本作古之者言之不妄出也。高麗本出下有也字。阮元曰。四書攷異云。包氏注云。古人之言。不妄出口。據其文。或舊本經。原有妄字。未可知。若上一之字。則斷知其流傳訛衍。按皇本妄字必因注文而誤衍也。

子曰。以約失之者鮮矣。孔安國曰。俱不得中。奢則驕佚招禍。儉約則無憂患。

[補]朱注。尹氏曰。凡約則鮮失。非止謂儉約也。○鮮仙善反。

子曰。君子欲訥於言。而敏於行。包氏曰。訥遲鈍也。言欲遲而行欲疾。

○訥奴忽反。行下孟反。

子曰。德不孤。必有鄰。方以類聚。同志相求。故必有鄰。是以不孤。

子游曰。事君數。斯辱矣。朋友數。斯疏矣。數。謂速數之數。[補]鄭玄曰。數己之功勞也。朱熹引胡寅之說以諫諍爲說。程顥伊維楨皆云。煩數。〇數色角反。又世主反。又色具反。

論語卷二

論語卷三

何晏集解
山本惟孝補解

公冶長第五

凡二十九章注疏本爲二十八章今從之

子謂公冶長可妻也雖在縲絏之中非其罪也以其子妻之。孔安國曰。公冶長。弟子。魯人也。姓公冶。名長。縲。黑索。絏。攣也。所以拘於罪人。補家語曰。公冶長。魯人。字子長。史記曰。齊人。范寗曰。名芝。字子長。陸德明曰。名長。○冶音也。妻七細反。下同。縲尤追反。絏息列反。皇本高麗本絏作紲。宋石經亦作紲。案字本作紲。唐人避太宗諱。改作絏。釋文出紲字云。本今作絏。五經文字云。絏本文从世。緣廟諱偏旁。今經典並准式例變。

子謂南容邦有道不廢邦無道免於刑戮以其兄之子妻之。王肅曰。南容。弟子南宮縚。魯人也。字子容。不廢。言見用。補史記曰。名适。左氏傳云。

名說。○戮音六。

子謂子賤。孔安國曰。子賤。魯人。弟子宓不齊。君子哉若人。魯無君子者。斯焉取斯。包氏曰。若人者。若此人也。如魯無君子。子賤安得此行而學行之。補伊藤維楨曰。贊師友熏陶之益。○焉於虔反。

子貢問曰。賜也何如。子曰。汝器也。孔安國曰。言汝是器用之人。曰。何器也。曰。瑚璉也。包氏曰。瑚璉。黍稷之器。夏曰瑚。殷曰璉。周曰簠簋。宗廟之器之貴者。補皇侃曰。禮記曰。夏之四連。殷之六瑚。今云夏瑚殷璉。講者皆云。是誤也。故欒肇曰。未詳也。然夏殷各一名。而其形未測。及周則兩名。其形各異。外方內圓曰簠。內方外圓曰簋。○瑚音胡。璉力展反。簠音甫。簋音軌。按勘記云。案說文槤。胡槤也。大徐云今俗作連非。九經古義云。瑚璉二字。从玉旁。俗所作也。當為胡連。春秋傳曰。胡簋之事。明堂位曰。夏后氏之四連。皆不从玉旁。據此則璉為本字。連為假借。从玉者俗耳。○按韓勑禮器碑。胡輦。即胡連也。

或曰。雍也仁而不佞。馬融曰。雍。弟子仲弓名。姓冉。子曰。焉用佞。禦人以口給。屢憎於人。不知其仁。焉用佞。孔安國曰。屢。數也。佞人口辭捷給。數為民所憎。[補]皇侃曰。禦。猶對也。○禦魚呂反。焉於虔反。高麗本上佞下有也字。高麗本作屢憎民。皇本高麗本仁下佞下有也字。

子使漆雕開仕。對曰。吾斯之未能信。孔安國曰。開。弟子。漆雕姓。開名。仕進之道。未能信者。未能究習。[補]史記曰。漆雕開。字子開。注。鄭玄曰。魯人。○漆音七。彫丁條反。或作凋。閩本北監本毛本彫作雕。四書攷異云。舊經。漆雕與後章朽木不可雕。雕俱為彫。松柏後彫之彫爲凋。體義自合。不知何時皆傳寫差。攷十行本此處作彫。不誤。阮元云。按依說文當作凋。凡凋琢之成文則曰彫。今彫行而凋廢。雕凋皆假借字。

子說。鄭玄曰。喜其志道深。〇說音悅。

子曰。道不行。乘桴浮于海。從我者。其由與。馬融曰。桴編竹木。大者曰栰。小者曰桴。〇桴芳符反。與音餘。皇本于作於。由下有也字。高麗本也字同。案此經例用於字。唯爲政篇。吾十有五而志于學。及此兩於字變體作于。爲政篇于字。乃乎字之譌。此亦疑本作於。傳寫者偶亂耳。觀文選嘯賦註。尚引作於。可證。又由下也字。亦與顏師古漢書地理志註。大平御覽四百六十七所引合。

子路聞之喜。孔安國曰。喜與已俱行。

子曰。由也好勇過我。無所取材。鄭玄曰。子路信夫子欲行。故言好勇過我。無所取材者。言無所取桴材。以子路不解微言。故戲之耳。一曰。子路聞孔子欲浮海。便喜。不復顧望。故孔子歎其勇曰。過我。無所復取哉。言唯取於己。古材哉同耳。◯好呼報反。下同。過我絶句。一讀過字絶句。材才哉二音。

孟武伯問子路仁乎。子曰。不知也。孔安國曰。仁道至大。不可全名。（補）范甯曰。仁道弘遠。仲由未能有之。又不欲指言無仁。又問。子曰。由也千乘之國。可使治其賦也。孔安國曰。賦。兵賦。（補）服虔左傳注云。以田賦出兵。故謂之兵賦。鄭玄曰。軍賦。◯乘繩證反。賦梁武云。魯論作傳。不知其仁也。求也何如。子曰。求也千室之邑。百乘之家。可使爲之宰也。孔安國曰。千室之邑。卿大夫之邑。卿大夫稱家。諸侯千乘。大夫百乘。宰。家臣。不知其仁也。赤也何如。子曰。赤也束帶立於朝。可使與賓客言。

也。馬融曰。赤。弟子公西華。有容儀。可使爲行人。補范甯曰。束帶。整朝服也。○朝直遙反。不知其仁也。

子謂子貢曰。汝與回也孰愈。孔安國曰。愈。猶勝也。對曰。賜也何敢望回。回也聞一以知十。賜也聞一以知二。子曰。弗如也。吾與汝弗如也。包氏曰。既然子貢弗如。復云吾與汝俱不如者。蓋欲以慰子貢之心。補惠棟云。論衡引云。吾與女俱不如也。陳耀文曰。鄭玄別傳。玄從馬融學。季子謂盧子幹曰。吾與女皆不如也。曹操祭橋玄云。仲尼稱不如顏淵。李賢注引論語吾與女俱不如也。○聞如字。本或作問字非。按勘記云。釋文出吾與爾云。爾本或作女。音汝。案三國志夏侯淵傳曰。仲尼有言。吾與爾不如也。正作爾字。蓋與陸氏所據本合。

宰予晝寢。包氏曰。宰予。弟子宰我。補皇侃曰。寢眠也。梁武帝以爲室之寢。晝當作畫字。王楙曰。寢者。寢室也。晝當居外。丘光庭曰。寢臥息也。今案古書中以晝寐爲晝寢者多。○予羊汝反。或音餘。晝竹救反。寢七荏反。子曰。朽木不可雕也。包氏曰。朽腐也。雕。雕琢刻畫。○朽香久反。雕丁條反。閩本北監本毛本彫經註疏俱作雕。十行本唯經文作雕。餘仍作彫。案唐石經宋石經俱作彫。漢書董仲舒傳論衡問孔篇詩大雅棫樸正義。亦俱引作彫。是作雕者。用假借字。釋文亦作雕。糞土之牆不可杇也。王肅曰。杇。鏝也。二者喩雖施功猶不成也。○糞弗問反。本或作糞同。挍勘記云。皇本杇作圬。釋文出圬字云。本或作鏝也。案史記弟子列傳。漢書董仲舒傳。俱作圬。蓋論語古本作圬。說文。杇所以塗也。杇當是正字。圬乃杇之假借耳。於予與何誅。孔安國曰。誅責也。今我當何責於汝乎。深責之辭。○與音餘。語辭也。下同。子曰始吾於人也。聽其言而信其行。今吾於人也。聽其言而觀其行。於予與改是。孔安國曰。改是。始聽言信行。今更察言觀行。發於宰我之晝寢。

子曰。吾未見剛者。或對曰。申棖。包氏曰。申棖。魯人。補王應麟曰。鄭康成云。蓋孔子弟子申續。史記云。申棠字周。家語云。申續字周。今史記以棠爲黨。家語以續爲績。傳寫之訛也。後漢王政碑云。有羔羊之絜。無申棠之欲。亦以棖爲棠。則申棠申棖一人爾。○棖直庚反。

子曰。棖也慾。焉得剛。孔安國曰。慾多情慾。○慾音欲。或羊住反。焉於虔反。

子貢曰。我不欲人之加諸我也。吾亦欲無加諸人。馬融曰。加陵也。高麗本人下有也字。

子曰。賜也。非爾所及也。孔安國曰。言不

能止人使不加非義於己。

子貢曰。夫子之文章。可得而聞也。章。明也。文彩形質著見。可得以耳目循。夫子之言性與天道。不可得而聞也已。性者。人之所受以生也。天道者。元亨日新之道。深微。故不可得而聞也。○史記孔子世家。作夫子之言天道與性命。皇本高麗本也下有已矣二字。是也。按漢書眭兩夏侯京翼李傳贊。及匡謬正俗。並作已矣。

子路有聞。未之能行。唯恐有聞。孔安國曰。前所聞。未及行。故恐後有聞。不得並行也。○皇本高麗本無之字。

子貢問曰。孔文子何以謂之文也。孔安國曰。孔文子。衞大夫孔叔圉。文。謚也。子曰。敏而好學。不恥下問。是以謂之文。孔安國曰。

敏者。識之疾也。下問。問凡在己下者。［補］逸周書謚法解曰。學勤好問曰文。史記學勤作勤學。

子謂子產有君子之道四焉。孔安國曰。子產。鄭大夫公孫僑。○僑其驕反。其行己也恭。其事上也敬。其養民也惠。其使民也義。

子曰晏平仲善與人交。久而敬之。周生烈曰。齊大夫。晏姓。平謚。名嬰。［補］皇侃曰。此善交之驗也。凡人交易絕。而平仲交久而人愈敬之也。○皇本高麗本而下有人字。惟孝曰。考之疏中有者是也。

子曰臧文仲居蔡。包氏曰。臧文仲。魯大夫臧孫辰。文謚也。蔡國君之守龜。出蔡地。因以爲名焉。長尺有二寸。居蔡僭也。○臧子郎反山節藻梲。包氏曰。節者。栭也。刻鏤爲山梲者。梁上楹。畫爲藻文。言其奢侈。補禮明堂位以山節藻梲爲天子之廟飾。鄭玄曰。山節刻欂盧爲山也。藻梲畫侏儒柱。爲藻文也。皇侃曰。山節。刻柱頭露節爲山。如今栱斗也。朱注斗栱作又云。刻鏤爲山者。刻柿柱頭爲山也。柿是梁上柱名也。梁上楹。卽是檽。檽卽侏儒柱也。刻檽頭爲山。畫檽身爲藻文也。陸德明云。藻。水草有文者也。○藻音早。梲本又作棳。章悅反。阮元云。按梲說文訓木杖。經典多借用。爲梁上短柱之棳。

何如其知也。

孔安國曰。非時人謂以爲知。○知音智。

子張問曰。令尹子文。

孔安國曰。令尹子文。楚大夫。姓鬭。名穀於菟。補皇侃曰。楚鬭伯比。外家是邔國。其還外家。通舅女生子。旣恥之。仍遂擲於山草中。此女之父獵還。見虎乳飲小兒。因取養之。旣未知其姓名。楚人謂乳爲穀。謂虎爲於菟。此兒爲虎所乳。故名之曰穀於菟。

三

仕爲令尹。無喜色。三已之。無慍色。舊令尹之政。必以告新令尹何如子曰忠矣曰仁矣乎曰未知焉得仁○孔安國曰。但聞其忠事。未知其仁也。知如字。鄭音智。焉於虔反。下同。崔子弑齊君陳文子有馬十乘棄而違之孔安國曰。皆齊大夫。崔杼作亂。陳文子惡之。捐四十匹馬。違而去之。補皇侃曰。齊君。莊公。○乘繩證反。校勘記云。釋文出崔子云。鄭註云。魯讀崔爲高。今從古。又出弑字云。本又作殺。同。九經古義云。王充論衡曰。猶吾大夫高子也。蓋用魯論語之言。至於他邦則曰猶吾大夫崔子也違之至一邦則又曰猶吾大夫崔子也違之何如子曰清矣曰仁矣乎曰未知焉得仁孔安國曰。文子避惡逆無道。求有道。當春秋時。臣陵其君。皆如崔子。無有可止者。

季文子三思而後行。子聞之曰。再思斯可矣。鄭玄曰。季文子。魯大夫季孫行父。文。謚也。文子忠而有賢行。其舉事寡過。不必乃三思也。（補）李彪曰。時人稱季孫名過其實。故孔子矯之。言季孫行事多闕。其再思則可矣。無緣乃至三思也。此蓋矯抑之談耳。非稱美之言也。黄東發之說與此同。張鼎思曰。蓋再且不能。何以云三思也。○三息暫反。又如字。校勘記云。唐石經作再思可矣。皇本高麗本作再思斯可矣。

子曰。甯武子馬融曰。衞大夫甯兪。武。謚也。○甯乃定反。邦有道則知。邦無道則愚。其知可及也。其愚不可及也。孔安國曰。佯愚似實。故曰不可及也。○知音智。下同。

子在陳。曰。歸與歸與。吾黨之小子狂簡。斐然成章。

不知所以裁之。孔安國曰。簡。大也。孔子在陳思歸。欲去曰。吾黨之小子。狂者。進取於大道。妄穿鑿以成文章。不知所以裁制。我當歸以裁制之耳。遂歸。補皇侃曰。吾黨。謂我鄉黨中也。狂者。直進無避者也。簡。大也。大。謂大道也。斐然。文章貌。◯與音餘。狂簡絕句。鄭讀至小子絕句。斐芳匪反。皇本高麗本之下有也字。史記孔子世家。不知上有吾字。

子曰。伯夷叔齊不念舊惡。怨是以希。孔安國曰。伯夷叔齊。孤竹君之二子。孤竹。國名。補家語曰。不忌不克。不念舊怨者。伯夷叔齊之行也。述而篇。子貢曰。怨乎。伯夷傳云。怨邪非邪。按由伯夷傳則知伯夷之怨。荻生茂卿引孔子求仁得仁。又何怨曰。伯夷之怨也。地理志。遼西令支有孤竹城。應劭曰。故伯夷國。

子曰。孰謂微生高直。孔安國曰。微生姓。名高。魯人也。或乞醯焉。乞諸其鄰而與之。孔安國曰。乞之四鄰。以應求者。用意委曲。非爲直人也。補戰國燕策云。信如尾生高。則不過不欺人耳。狹生茂卿曰。家偶無醯。而乞諸其鄰。以應人需。于何直不直。故知其爲戲也。惟孝案釋文此章通下章。則微生高。蓋鄉原之類。直名欺俗者。不過夫子舉此事而論之。併下章其義愈明。○醯呼西反。

子曰。巧言令色足恭。孔安國曰。足恭便僻貌。補管子曰。足恭而辭結。大戴禮曰。足恭而口聖。邢昺曰。便習盤辟。其足以爲恭也。○足將樹反。又如字。左丘明恥之。丘亦恥之。孔安國曰。左丘明。魯大夫。匿怨而友其人。孔安國曰。心內相怨。而外詐親。補皇侃曰。匿。藏也。左丘明恥之。丘亦恥之。補皇侃曰。丘明。受春秋於仲尼者也。惟孝按巧言以下。爲微生高而發。釋文从無子曰二字者。以是也。

顏淵季路侍。子曰。盍各曰爾志。子路曰。願車馬衣輕裘。與朋友共。敝之而無憾。孔安國曰。憾。恨也。補皇侃曰。朋友通財。車馬衣裘共乘服。○憾戸闇反。唐石經輕字旁註。案石經初刻本無輕字。車馬衣裘見管子小匡。及外傳齊語。是子路本用成語。後人因雍也篇衣輕裘。誤加輕字。甚誤。錢大昕金石文跋尾云。石經輕字。宋人誤加。攷北齊書唐邕傳。顯祖嘗解服青鼠皮裘賜邕云。朕意在車馬衣裘。與卿共敝。蓋用子路故事。是古本無輕字。一證也。釋文於赤之適齊節音衣。爲于旣反。而此衣字無音。是陸本無輕字。二證也。邢疏云。願以己之車馬衣裘。與朋友共乘服。是邢本亦無輕字。三證也。皇疏云。車馬衣裘共乘服。而無所憾恨也。是皇本亦無輕字。四證也。今註疏與皇本正文有輕字。則後人依通行本增入。非其舊矣。顏淵曰。願無伐善。孔安國曰。自無稱己之善。無施勞。孔安國曰。

不以勞事置施於人子路曰願聞子之志子曰老者安之朋友信之少者懷之孔安國曰懷歸也補韓詩外傳曰無不愛也無不敬也無與人爭也曠然而天地苞無物也如是則老者安之少者懷之朋友信之〇少詩照反

子曰已矣乎吾未見能見其過而內自訟者也包氏曰訟猶責也言人有過莫能自責〇訟自用反

子曰十室之邑必有忠信如丘者焉不如丘之好學也補焉如字衛瓘於虔反爲下句首高麗本學下有者字

雍也第六 凡三十章

子曰雍也可使南面包氏曰可使南面者言任諸侯可使治國〇高麗本面下

有也字。仲弓問子桑伯子。補 王肅曰。伯子書傳無見焉。說苑曰。孔子見伯子。伯子不衣冠而處。鄭玄曰。秦大夫。朱熹曰。胡氏以爲疑莊周所稱子桑戶者。○桑子郎反。

子曰。可也簡。以其能簡。故曰可也。仲弓曰。居敬而行簡。以臨其民。不亦可乎。孔安國曰。居身敬肅。臨下寬略。則可。○行下孟反。又如字。下同。居簡而行簡。無乃大簡乎。包氏曰。伯子之簡。大簡。○大音泰。北監本毛本大作太。

子曰。雍之言然。補 說苑曰。孔子曰。可也簡。簡者。易野也。易野無禮文也。云云。雍之所以得稱南面者。問子桑伯子於孔子。孔子曰。可也簡。仲弓曰。居敬而行簡。以道民。不亦可乎。居簡而行簡。無乃大簡乎。子曰。雍之言然。仲弓通於化術。孔子明於王道。而無以加仲弓之言。

哀公問曰。弟子孰爲好學。孔子對曰。有顏回者好學不遷怒不貳過不幸短命死矣今也則亡未聞好學者也凡人任情喜怒違理顏淵任道怒不過分遷者移也怒當其理不移易也不貳過者有不善未嘗復行補朱熹曰怒於甲者不移於乙惟孝按史記論田蚡云遷怒及人則知古說亦有與朱熹同者皇侃曰亡無也顏淵既亡死則無復好學者也又云其美非一今獨舉怒過二條者哀公濫怒貳過欲因答寄箴也論衡亦有是說注未嘗復行皇侃云不文飾也○好呼報反本或無亡字即連下句讀皇本高麗本問下有曰字

子華使於齊冉子爲其母請粟子曰與之釜馬融曰子華弟子公西華赤字六斗四升曰釜補皇侃曰請粟就孔子請粟也昭公三年左傳云晏子曰齊舊四量豆區釜鐘四升爲豆四豆爲區四區爲釜釜六斗四升○使所吏反爲于僞反釜音父

請

益曰與之庾包氏曰十六斗曰庾補周禮陶人職云庾實二㲉案周禮旊人職云豆實三而成㲉鄭玄曰斗實四升則㲉實一斗二升然則庾二斗四升皇侃曰苞注十六斗爲庾與賈氏注國語同而不合周禮荻生茂卿曰案聘禮記十六斗曰籔鄭注云今江淮之間量名有爲籔者今文籔爲逾是庾逾籔其數同○庾俞甫反

冉子與之粟五秉馬融曰十六斛曰秉五秉合爲八十斛○秉音丙

子曰赤之適齊也乘肥馬衣輕裘吾聞之也君子周急不繼富鄭玄曰非冉有與太多也○衣於既反

原思爲之宰包氏曰弟子原憲思字也孔子爲魯司寇以原憲爲家邑宰與之粟九百辭孔安國曰九百九百斗辭辭讓不受

子曰毋孔安國曰祿法所得當受無以讓以與爾鄰里鄉黨乎鄭玄曰五家爲鄰五鄰爲里萬二千五百家爲

鄉。五百家爲黨。

子謂仲弓曰。犂牛之子。騂且角。雖欲勿用。山川其舍諸。犂。雜文。騂。赤也。角者。角周正。中犧牲。雖欲以其所生犂而不用。山川寧肯舍之乎。言父雖不善。不害於其子之美。補陸德明曰。雜文曰犂。又色如狸也。耕犂之牛。惟孝曰。舍。捨也。説文曰。捨。釋也。用捨之捨。或云。置也。○犂利之反。又力兮反。騂。息營反。舍音捨。

子曰。回也。其心三月不違仁。其餘則日月至焉而已矣。言餘人暫有至仁時。唯回移時而不變。補皇侃曰。其餘。謂他弟子也。爲仁並不能一時。或至一日。或至一月。

季康子問。仲由可使從政也與。音餘。下同。子曰。由也果。

包氏曰。果。謂果敢決斷。於從政乎何有。曰。賜也可使從政也與。子曰。賜也達。孔安國曰。達。謂通於物理。【補】惟孝曰。季康子。季孫肥也。於從政乎何有。曰。求也可使從政也與。子曰。求也藝。孔安國曰。藝。謂多才能。於從政乎何有。

季氏使閔子騫爲費宰。孔安國曰。費。季氏邑。季氏不臣。而其邑宰數叛。聞子騫賢。故欲用之。【補】皇侃曰。弟子閔損也。〇騫起虔反。費音祕。閔子騫曰。善爲我辭焉。孔安國曰。不欲爲季氏宰。語使者曰。善爲我作辭說。令不復召我。〇爲于僞反。如有復我者。孔安國曰。復我者。重來召我。則吾必在汶上矣。孔安國曰。去之汶水上。欲北如齊。【補】皇侃曰。汶。水名也。在魯北齊南。〇釋文曰。一本無吾字。鄭本無無則吾二字。史記弟子列傳亦無則吾字。

伯牛有疾。馬融曰。伯牛。弟子冉耕。子問之。自牖執其手。包氏曰。牛有惡疾。不欲見人。故孔子從牖執其手。補皇侃曰。牖。南窗也。君子有疾。寢於北壁下東首。今師來。故遷出南窗下。亦東首。令師從戶入於牀北得面南也。孔子恐其惡疾不欲見人。故不入戶。但於窗上而執其手也。○牖由久反。曰。亡之。孔安國曰。亡。喪也。疾甚。故持其手曰。喪之。補伊藤長胤曰。漢書宣元六王傳。引論語曰。蔑之命矣夫。師古曰。蔑。無也。按蔑亦與亡同。謂存亡之亡。命矣夫。斯人也而有斯疾也。斯人也而有斯疾也。包氏曰。再言之者。痛惜之甚。○夫音符。史記弟子列傳。作命也夫。斯人也而有斯疾命也夫。

子曰。賢哉回也。一簞食一瓢飲。孔安國曰。簞。笥也。瓢。瓠也。補鄭玄註

雍也 十三

曲禮曰。圓曰簞。方曰笥。太宰純曰。此云簞笥者。舉類以曉人也。○簞音丹。食音嗣。瓢婢遙反。

在陋巷。人不堪其憂。回也不改其樂。賢哉回也。孔安國曰。顏淵樂道。雖簞食在陋巷。不改其所樂。補皇侃曰。凡人以是爲憂。邢昺曰。他人見之。不任其憂。○巷戶降反。樂音洛。

冉求曰。非不說子之道。力不足也。子曰。力不足者。中道而廢。今汝畫。孔安國曰。畫。止也。力不足者。當中道而廢。今汝自止耳。非力極也。補朱熹曰。畫者。如畫地以自限也。○說音悅。中如字。一音丁仲反。女音汝。畫音獲。

子謂子夏曰。汝爲君子儒。毋爲小人儒。君子爲儒。將以明道。小人爲儒。則矜其名。補周禮太宰曰。儒以道得民。皇侃曰。儒者。濡也。夫習學事久。則濡潤身中。故謂久習者爲儒也。朱熹曰。儒學者之稱。
○皇本此註作馬融曰。邢本作孔曰。

子游爲武城宰。包氏曰。武城。魯下邑。子曰。汝得人焉耳乎哉。孔安國曰。焉耳乎哉皆辭。○女音汝。挍勘記曰。皇本高麗本乎下有哉字。案焉耳乎三字連文。已屬不詞。下又增哉字。更不成文。疑耳當爾字之訛。攷太平御覽一百七十四二百六十六倶引作爾。又張栻論語解。呂祖謙論語說。眞德秀論語集編。曁論語纂疏。四書通。四書纂箋諸本竝作爾。又今坊本亦作爾。蓋焉爾者。猶於此也。言女得人於此乎哉。此者。此武城也。如書作耳。則義不可通矣。曰。有澹臺滅明者。行不由徑。非公事。未嘗至於偃之室也。包氏曰。澹臺姓。滅明名。字子羽。言其公且方。○澹徒甘反。徑古定反。

子曰。孟之反不伐。孔安國曰。魯大夫孟之側。與齊戰。軍大敗。不伐者。不自伐其功。

後按韓非子傳騎從中來是亦足證戰國前有騎馬

奔而殿將入門策其馬曰非敢後也馬不進也　馬融曰殿在軍後者前曰啓後曰殿孟之反賢而有勇軍大奔獨在後爲殿人迎功之不欲獨有其名曰我非敢在後距敵馬不能前進也〔補〕左傳哀公十一年及齊師戰右師奔齊人從之孟之側後入以爲殿抽矢策其馬曰馬不進也皇侃曰六籍唯用馬乘車無騎馬之文唯曲禮云前有車騎是騎馬耳今云策其馬不知爲騎馬爲乘車惟孝按春秋傳左師展將以公乘馬而歸是卽單騎殿都練反

子曰不有祝鮀之佞而有宋朝之美難乎免於今之世矣　孔安國曰佞口才也祝鮀衛大夫名子魚也時世貴之宋朝宋之美人而善淫言當如祝鮀之佞而反如宋朝之美難矣免於今之世害也〔補〕邢昺曰左傳定十四年衛侯爲夫人南子召宋朝杜注南子宋女也朝宋公子閻若璩曰此章而字則因又之辭言不有佞又不有色也或曰

鄭康成箋詩予豈不知而作云。而。猶與也。作與字解。辭尤顯。此蓋孔子在衛日久。見衛之風俗好尚如是。故發是歎。與吾未見好德如好色者也一般。惟孝按如祝鮀之才。以夫子之所稱。則非害於世者。○鮀徒多反。朝張遙反。本注。子魚上諸本無名字。似是。皇本與此同。

子曰。誰能出不由戶者。何莫由斯道也。言人立身成功。當由道。譬猶人出入要當從戶。

子曰。質勝文則野。包氏曰。野如野人。言鄙略也。文勝質則史。包氏曰。史者。文多而質少。文質彬彬。然後君子。包氏曰。彬彬。文質相半之貌。○彬彼貧反。

子曰。人之生也直。馬融曰。言人之所以生於世而自終者。以其正直之道也。補皇本作人生之直。罔之生也幸而免。包氏曰。誣罔正直之道。而亦生者。是幸而免。

子曰。知之者不如好之者。好之者不如樂之者。包氏曰。學問知之者。不如好之者篤。好之者。又不如樂之者深也。○好呼報反。下同。樂音洛。

子曰。中人以上。可以語上也。中人以下。不可以語上也。王肅曰。上謂上知之所知也。兩舉中人。以其可上可下。○以上時掌反。語魚據反。下同。

樊遲問知。子曰。務民之義。王肅曰。務所以化道民之義。敬鬼神而遠之。可謂知矣。包氏曰。敬鬼神而不瀆。問仁。子曰。仁者先難而後獲。可謂仁矣。孔安國曰。先勞苦。而後得功。此所以爲仁。補朱熹曰。民亦人也。獲。謂得也。專用力於人道之所宜。而不惑鬼神之不可知。知者之事也。先其事之所難。而後其效之所得。仁者之心也。此必因樊遲失而告之。○知音智。遠于萬反。諸本仁下無子字。皇本與此同。

子曰知者樂水。包氏曰。知者樂運其才知以治世。如水流而不知已。仁者樂山。仁者樂如山之安固自然不動而萬物生焉。知者動。包氏曰。自進故動。仁者靜。孔安國曰。無欲故靜。知者樂。鄭玄曰。知者自役得其志故樂。仁者壽。包氏曰。性靜故壽考。補邢昺曰。此章初明知仁之性。次明知仁之用。三明知仁之功。惟孝案韓詩外傳載樂水樂山之問答。大略不外於包意。○樂音岳。又五孝反。下同。知者樂音洛。

子曰齊一變至於魯。魯一變至於道。包氏曰。言齊魯有太公周公之餘化。太公大賢。周公聖人。今其政教雖衰若有明君興之。齊可使如魯。魯可使如大道行之時。補包咸所云大道似言老子所謂大道。故皇疏云。當得各如其初。何容得還淳反本耶。

子曰。觚不觚。馬融曰。觚。禮器也。一升曰爵。二升曰觚。觚哉觚哉。觚哉觚哉。言非觚也。以喻爲政不得其道則不成也。補說文曰。觚。鄉飲酒之爵也。一曰。觴受三升者。謂之觚。朱熹曰。謂器失其制。觚者。器之有稜者。顏師古等亦有此說。荻生茂卿曰。木簡爲觚者。秦漢以後也。楊用修嘗辨之。王肅曰。當時沈湎于酒。故曰觚不觚。◯觚音孤。

宰我問曰。仁者雖告之曰。井有仁焉。其從之也。孔安國曰。宰我以爲仁者必濟人於患難。故問有仁人墮井。將自投下而從出之乎。否乎。欲極觀仁人憂樂之所至。補皇本焉上有者字。也作與。阮元曰。註云有仁人墮井。則仁下當有者字。子曰。何爲其然也。君子可逝也。不可陷也。包氏曰。逝。往也。言君子可使往視之耳。不肯自投從之。可欺也。不可罔也。馬融曰。可欺者。可使往也。不可罔者。

不可得誣罔令自投下也。

子曰。君子博學於文。約之以禮。亦可以弗畔矣夫。

鄭玄曰。弗畔。不違道。補馬融曰。文。古之遺文。皇侃曰。君子廣學六籍之文。又用禮自約束。○夫音符。

校勘記曰。釋文云。一本無君子字。兩得。案無君子者是。

子見南子。子路不說。夫子矢之曰。予所否者。天厭之。天厭之。

孔安國曰。舊以南子衛靈公夫人。淫亂而靈公惑之。孔子見之者。欲因以說靈公。使行治道。矢。誓也。子路不說。故夫子誓之曰。行道既非婦人之事。而弟子不說。與之呪誓。義可疑焉。補王弼曰。本傳孔子不得已而見南子。蓋天命之窮會也。朱熹曰。蓋古者仕於其國。有見小君之禮。是蓋據孔叢子之文。惠棟曰。孔孔鄭繆播皆云矢。誓也。虞翻周易注云。矢。古誓字。邢昺曰。予。我也。否。

不也。厭、棄也。朱熹曰、所、誓辭也。如云所不與崔慶者之類。皇侃曰、若有不善之事、則天當厭塞我道也。○厭、於琰反。又於豔反。史記孔子世家、否作不。王充論衡作鄙。阮元曰、不者、事之不然者也。否者、說事之不然者也。此當作否。

子曰、中庸之爲德也、其至矣乎。民鮮久矣。庸、常也。中和可常行之德。世亂、先王之道廢、民鮮能行此道久矣。非適今。補禮中庸篇有此語、無之爲德也四字。鮮下有能字。中庸之文凡九所、皆無過不及之語。○鮮、仙善反。

子貢曰、如有博施於民而能濟衆者、何如。可謂仁乎。子曰、何事於仁。必也聖乎。堯舜其猶病諸。孔安國曰、君能廣施恩惠、濟民於患難。堯舜至聖、猶病其難。補小爾雅曰、諸、之乎也。○施、始豉反。皇本有作能。

衆下有也字。夫仁者己欲立而立人己欲達而達人能近取譬可謂仁之方也已。孔安國曰。更爲子貢說仁者之行方道也。但能近取譬於己。皆恕己所欲而施之於人。○夫音符。註。皇本作己所不欲而勿施人也。

論語卷三 畢

論語卷四

何晏集解
山本惟孝補解

述而第七 舊三十九章 今三十八章

子曰。述而不作。信而好古。竊比於我老彭。包氏曰。老彭。殷賢大夫。好述古事。我若老彭。祖述之耳。補陸德明曰。案大戴禮云。商老彭。是也。今案大戴禮虞戴德篇。孔子之語。商老彭與仲傀並稱。朱注亦因之。注家或以老彭爲彭祖。或爲老聃彭祖。誕說不可信。○好呼報反。

子曰。默而識之。學而不厭。誨人不倦。何有於我哉。鄭玄曰。人無有是行。於我。我獨有之。補李充曰。言人若有此三行者。復何有貴於我乎。太宰純曰。鄭注憒憒。於我二字似衍。今案衍下一我字。未可知。○俗作嘿。亡北反。厭於豔反。倦其卷反。五經文字云。默與嘿同。經典通爲語默字。

子曰。德之不脩。學之不講。聞義不能徙。不善不能改。是吾憂也。孔安國曰。夫子常以此四者爲憂。○徙思爾反。皇本高麗本每句下並有也字。又高麗本徙作從。

子之燕居。申申如也。夭夭如也。馬融曰。申申夭夭。和舒之貌。補皇侃曰。申申。心和也。夭夭。貌舒也。○燕於見反。鄭本作宴。夭於驕反。阮元云。案後漢書仇覽傳註引作宴。與鄭本合。按宴。正字。燕。假借字。

子曰。甚矣吾衰也。久矣吾不復夢見周公。孔安國曰。孔子衰老。不復夢見周公。明盛之時。夢見周公。欲行其道。○復扶又反。下同。挍勘記云。釋文出不復云。本或無復字非。案經義雜記云。據陸氏所見本。知經無復字。乃後人援註所增。以經云久矣吾不夢見。先時曾夢見。故註云不復夢見。復字正釋久矣字。陸氏反以無復字爲非。不審之至。

子曰。志於道。志。慕也。道不可體。故志之而已。據於德。據。杖也。德有成形。故可據。補皇侃曰。德。謂行事得理者也。依於仁。依。倚也。仁者功施於人。故可倚。遊於藝。藝。六藝也。不足據依。故曰遊也。○皇本閩本北監本毛本遊並作游。唐石經亦作遊。按遊俗字。

子曰。自行束脩以上。吾未嘗無誨焉。孔安國曰。言人能奉禮。自行束脩以上。則皆教誨之。補皇侃曰。束脩。十束脯也。邢昺曰。按書傳。言束脩者多矣。皆謂十脡脯也。檀弓曰。古之大夫。束脩之問。不出竟。

子曰。不憤不啓。不悱不發。舉一隅示之。不以三隅反則吾不復也。鄭玄曰。孔子與人言。必待其人心憤憤。口悱悱。乃後啓發爲說之。如此則識思之深也。說則舉一隅以語之。其人不思其類。則不復重教之。補惟孝曰。啓。啓開也。發。發明也。○憤房粉反。悱芳匪反。皇本高麗本隅下有而示之三字。阮元云。案文選西京賦註引有此三字。又鼂公武蜀石經考異云。舉一隅下。有而示之三字。與李鶚本不同。據此則古本當有此三字也。今按此本無而字蓋誤脫。

子食於有喪者之側。未嘗飽也。喪者哀戚。飽食於其側。是無惻隱之心。

子於是日哭。則不歌。一日之中。或哭或歌。是褻於禮容。○皇本無此註。以本文連上章。書上註於此。釋文云。舊以爲別章。今宜合前章。皇本日下有也字。

子謂顏淵曰。用之則行。舍之則藏。唯我與爾有是夫。孔安國曰。言可行則行。可止則止。唯我與顏淵同耳。○舍音赦。止也。一音捨。放也。夫音符。子路曰。子行三軍。則誰與。孔安國曰。大國三軍。子路見孔子獨美顏淵。以爲己有勇。至於夫子爲三軍將。亦當唯與己俱。故發此問。○與如字。皇音餘。子曰。暴虎馮河。死而無悔者。吾不與也。孔安國曰。暴虎徒搏。馮河徒涉。○皇本高麗本馮作憑。釋文云。字亦作憑。阮元云。按說文作淜。馮假借字。憑俗字。必也臨事而懼。好謀而成者也。

子曰。富而可求也。雖執鞭之士。吾亦爲之。鄭玄曰。富貴不可求而得之。當修德以得之。若於道可求者。雖執鞭賤職。我亦爲之。補一本作吾爲之矣。如不可求。從吾所好。○孔安國曰。所好者。古人之道。皇本高麗本求下有者字。

子之所愼。齊戰疾。○孔安國曰。此三者。人所不能愼。而夫子愼之。○齊側皆反。或作齋。同。阮元云。按古多假齊爲齋。

子在齊聞韶。三月不知肉味。○周生烈曰。孔子在齊。聞習韶樂之盛美。故忽忘於肉味也。〔補〕說苑脩文篇曰。孔子至齊郭門之外。云云。韶樂方作。孔子至彼聞韶。三月不知肉味。史記云。與齊太師語樂。聞韶音。學之三月。不知肉味。四書備考曰。三月一本作音字。程頤曰。非三月。本是音字。太宰純曰。恐不然。○韶士昭反。皇本高麗本韶下有樂字。曰。不圖爲樂之至於斯也。○王肅曰。爲作也。不圖作韶樂至於此。此齊也。〔補〕惟孝曰。王肅注難解。朱熹曰。不意舜之作樂至於如此之美。荻生茂卿曰。楊愼外集云。不意齊之爲樂至此耳。皇侃曰。齊是無道之君。而濫奏聖王之樂。所以傷慨也。似失章旨。又云。不意慮奏作聖王之韶樂。而來至此齊侯之國也。是亦似失章旨。○釋文出爲樂云。本或作嬀。音居危反。非。

冉有曰。夫子爲衛君乎。孔安國曰。爲。猶助也。衛君者。謂輒也。衛靈公逐太子蒯聵。公薨而立孫輒。後晉趙鞅納蒯聵於戚。衛石曼姑帥師圍之。故問其意助輒否乎。○爲于僞反。

子貢曰。諾。吾將問之。入曰。伯夷叔齊何人也。子曰。古之賢人也。曰。怨乎。曰。求仁而得仁。又何怨乎。孔安國曰。夷齊讓國。遠去終於餓死。故問怨邪。以讓爲仁。豈怨乎。○一本無將字。諸本也曰間無子字。皇本高麗本與此同。校勘記作又何怨云。皇本高麗本怨下有乎字。按左氏哀三年傳正義。史記伯夷列傳索隱。文選江淹雜體詩註引並有乎字。疑古本如此。

出曰。夫子不爲也。鄭玄

曰。父子爭國。惡行。孔子以伯夷叔齊爲賢且仁。故知不助衛君明矣。

子曰。飯蔬食飲水。曲肱而枕之。樂亦在其中矣。孔安國曰。蔬食。菜食。肱。臂也。孔子以此爲樂。補朱熹曰。蔬。麤也。○飯符晩反。疏本或作蔬。所居反。食如字。謂菜食也。一音嗣。飯也。肱國弘反。臂也。枕之鴆反。樂音洛。不義而富且貴於我如浮雲。鄭玄曰。富貴而不以義者。於我如浮雲。非己之有也。

子曰。加我數年。五十以學易。可以無大過矣。易窮理盡性。以至於命。年五十而知天命。以知命之年。讀至命之書。故可以無大過也。補史記曰。假我數年若是。我於易則彬彬矣。朱熹曰。蓋是時孔子年已幾七十矣。五十字誤。劉安世云。五十一本作卒。阮元曰。案易魯論作亦。連下句讀。惠棟云。外黃今高彪碑云。恬虛守約。五十以斆。此從魯論。亦字連下讀也。數音。斆約音要。〇數色主反。易如字。魯讀易爲亦。史記孔子世家加作假。案風俗通義窮通卷亦引作假。

子所雅言。孔安國曰。雅言。正言也。補孔叢子平原君語子高云。吾不戲子。無所聞此雅言也。太宰純曰。按諸葛亮表。亦有察納雅言之語。**詩書執禮皆雅言也。**鄭玄曰。讀先王典法。必正言其音。然後義全。故不可有所諱。禮不誦。故言執。補太宰純曰。按禮文王世子云。秋學禮。執禮者詔之。

葉公問孔子於子路。子路不對。孔安國曰。葉公名諸梁。楚大夫。食采於葉。僭稱公。不對者。未知所以答。補邢昺曰。問孔子爲人志行於子路。皇疏引李充曰。凡觀諸問聖師於弟子者。未有默然而不答者也。疑葉公問之。必將欲致之爲政。子路知夫子之不可屈。故未詳其說耳。太宰純曰。孔安國以爲食采於葉。陸德明以爲楚葉縣尹。二說不同。未詳孰是。孔注左傳世本文。〇葉舒涉反。

子曰。汝奚不曰其爲人也發憤忘食。樂以忘憂。不知老之將至云爾。〇補邢昺曰。發憤嗜學。憤符粉反。樂音洛。

子曰。我非生而知之者。好古敏以求之者也。鄭玄曰。言此者勉人學。補皇本以上有而字。

子不語怪力亂神。孔安國曰。怪怪異也。力謂若奡盪舟烏獲舉千鈞之屬。亂謂臣弑君子弑父。神謂鬼神之事。或無益於敎化。或所不忍言也。補荻生茂卿曰。語合語燕語之語。李充曰。力不由理。斯怪力也。神不由正。斯亂神也。皇本孔安國作王肅。

子曰。我三人行必得我師焉。擇其善者而從之。其不善者而改之。言我三人行。本無賢愚。擇善從之。不善改之。故無常師。○諸本三上無我字。唐石經皇本與此同。有作得。阮元云。案釋文出我三人行云。一本無字下出必得我師焉云。本或作必有與唐石經皇本合。觀何晏自註及邢昺疏。並云。言我三人行。卽朱子集註亦云。三人同行。其一我也。當以皇本爲是。

子曰。天生德於予。桓魋其如予何。包氏曰。桓魋。宋司馬黎。天生德於予者。謂授以聖性。合德天地。吉無不利。故曰其如予何。〔補〕朱熹曰。桓魋。宋司馬向魋也。出於桓公。故又稱桓氏。大戴禮少間篇云。公曰。所謂失政者。若夏商之謂乎。子曰。否。若夏商者。天奪之魄。不生德焉。史記云。孔子適宋。與弟子習禮大樹下。宋司馬桓魋欲殺孔子。拔其樹。孔子去。弟子曰。可以速矣。孔子曰。天生德於予。桓魋其如予何。今案漢王莽引夫子之語。意亦如先儒之注。○魋徒雷反。

子曰。二三子以我爲隱子乎。吾無隱乎爾。包氏曰。二三子。謂諸弟子。聖人知廣道深。弟子學之不能及。以爲有所隱匿。故解之。○匿女力反。後章同。諸本隱下無子字。皇本與此同。吾無行而不與二三子者。是丘也。包氏曰。我所爲無不與爾共之者。是丘之心。補皇本行上有所字。

子以四教。文行忠信。四者有形質。可舉以教。補李充曰。其典籍辭義。謂之文。孝悌恭睦。謂之行。爲人臣則忠。與朋友交則信。邢昺曰。文。謂先王遺文。行。謂德行。中心無隱。謂之忠。人言不欺。謂之信。○行下孟反。

子曰。聖人吾不得而見之矣。得見君子者。斯可矣。疾世無明君也。

子曰。善人吾不得而見之矣。得見有恆者。斯可矣。亾而爲有。虛而爲盈。約而爲泰。難乎有恆矣。孔安國曰。難可名之爲有常。補善人。孔安國之解見先進篇。太宰純曰。意難者。人之難也。○釋文出亾而爲有云。亾如字。一音無。此舊爲別章。今宜與前章合。

子釣而不綱。弋不射宿。孔安國曰。釣者一竿釣。綱者爲大綱以橫絕流。以繳繫釣。羅屬著綱。弋繳射也。宿宿鳥也。補荻生茂卿曰。綱不他見。恐網字誤。太宰純曰。如是則文義甚明。唯不知先儒何故無有此說。陸氏釋文云。綱音剛。大可怪。鄭玄注周禮司弓矢云。結繳於矢。謂之矰。皇侃云。解繳射者多家。一云。古人以細繩係丸而彈。一云。取一杖長一二尺。計以長繩係此杖而橫颺以取鳥。所咼以爲不夜射棲鳥也。○釣音吊。綱音剛。鄭本同。弋羊職反。射食亦反。宿息六反。本注大綱。挍勘記云。皇本閩本毛本網作綱。案疏中並作大綱。唯十行本疏後段仍誤作大綱。

子曰。蓋有不知而作之者。我無是也。包氏曰。時人多有穿鑿妄作篇籍者。故云然。多聞擇其善者而從之。多見而識之。知之次也。孔安國曰。如此次於天生知之。

互鄉難與言。童子見。門人惑。鄭玄曰。互鄉。鄉名也。其鄉人言語自專不達時宜。而有童子來見。孔子門人怪孔子見之。子曰。與其進也。不與其退也。唯何甚。孔安國曰。教誨之道。與其進。不與其退。怪我見此童子。惡惡一何甚。人絜己以進。與其絜也。不保其往也。鄭玄曰。往。猶去也。人虛己自絜而來。當與其進。亦何能保其去後之行。補皇侃曰。去後之行。謂今日之前。是已去之後也。太宰純曰。凡言保

者皆謂保後後日之無變鄭玄解往爲去後是也或云前日之行

子曰仁遠乎哉我欲仁斯仁至矣

包氏曰仁道不遠行之卽是〔補〕江熙曰復禮一日天下歸仁

陳司敗問昭公知禮乎

孔安國曰司敗官名陳大夫昭公魯昭公〔補〕文公十一年左傳曰楚子西曰臣歸死於司敗杜注云陳楚名司寇爲司敗也鄭以司敗爲人名齊大夫

孔子對曰知禮孔子退揖巫馬期而進之曰吾聞君子不黨君子亦黨乎君娶於吳爲同姓謂之吳孟子君而知禮孰不知禮

孔安國曰巫馬期弟子名施相助匿非曰黨魯吳俱姬姓禮同姓不昏而君娶之當稱吳姬諱曰孟子〔補〕春秋哀公十二年夏五月甲辰孟子卒左

傳云。昭公娶於吳。故不書姓。太宰純曰。當稱孟姬。惟孝按當孟姬而稱吳孟子。當時之惡稱也。◯揖伊人反。巫音無。娶七往反。本今作取。爲于僞反。諸本無對字。皇本高麗本與此同。諸本娶作取。

巫馬期以告。子曰。丘也幸。苟有過。人必知之。孔安國曰。以司敗之言告也。諱國惡禮也。聖人道弘。故受以爲過。

子與人歌而善。必使反之。而後和之。樂其善。故使重歌。而後自和之。

子曰。文莫吾猶人也。莫無也。文無者。猶俗言文不也。文不吾猶人者。言凡文皆不勝於人。【補】皇侃曰。俗云文不。當是于時呼文不勝人爲文不也。欒肇曰。燕齊謂勉強爲文莫。楊雄曰。侔莫強也。方以智以爲僶勉之轉聲。躬行君子。則吾未之有得。孔安國曰。躬爲君子。已未能也。

子曰。若聖與仁。則吾豈敢。孔安國曰。孔子謙。不敢自名仁聖。抑爲之不厭。誨人不倦。則可謂云爾已矣。公西華曰。正唯弟子不能學也。包氏曰。正如所言。弟子猶不能學。況仁聖乎。補荻生茂卿讀正唯爲句。與包氏同意。陸德明曰。魯讀正爲誠。今從古。

子疾病。子路請禱。包氏曰。禱。禱請於鬼神。補陸德明曰。鄭本無病字。案集解於子罕篇始釋病。則此有病字非。子曰。有諸。周生烈曰。言有此禱請於鬼神之事乎。子路對曰。有之。誄曰。禱爾于上下神祇。孔安國曰。子路失指。誄。禱篇名也。補周禮大祝作六辭。六曰。誄。注謂積纍生時德行以錫命。子曰。丘之禱久矣。孔安國曰。孔子素行合於神明。故曰丘之禱久矣。〔補〕鑾肇曰。禱爾于上下神祇。乃天子禱天地之辭。又云。誄者。謂如今行狀也。誄之言累也。人生有德行。死而累列其行之跡爲謚也。〇誄力軌反。挍勘記曰。釋文出誄曰云。說文作讄云。或作讄案說文誄。謚也。讄。禱也。累功德以求福。論語云。讄曰。禱爾于上下神祇。讄或从纍。是古論作讄也。然鄭君註周禮小宗伯。引作讄。大祝仍引作誄。蓋二字相混已久。

子曰。奢則不孫。儉則固。與其不孫也寧固。孔安國曰。俱失之。奢不如儉。奢則僭上。儉則不及禮。固。陋也。〇孫音遜。

子曰。君子坦蕩蕩。小人長戚戚。鄭玄曰。坦蕩蕩。寬廣貌。長戚戚。多憂懼貌。〔補〕朱熹曰。坦。平也。〇坦吐但反。蕩徒黨反。戚千歷反。

子溫而厲。威而不猛。恭而安。補陸德明曰。一本作子曰。厲作例。皇本作君子。案此章說孔子德行。依此文爲是也。阮元曰。今皇本仍與今本同。不作君子。疑有脫誤。觀後子張篇君子有三變章。義疏云。所以前卷云。君子溫而厲。是也。則皇本此處當脫一君字。皇本威下無而字。

泰伯第八　凡二十一章

子曰。泰伯其可謂至德也已矣。三以天下讓。民無得而稱焉。王肅曰。泰伯。周太王之太子。次弟仲雍。少弟曰季歷。季歷賢。又生聖子文王昌。昌必有天下。故泰伯以天下三讓於王季。其讓隱。故無得而稱之者。所以爲至德也。補王充曰。昔太伯見王季有聖子文王。知太王意欲立之。入吳采藥。斷髮文身。以隨吳俗。太王薨。太伯還。王季辟主。

太伯再讓。王季不聽。三讓曰。吾之吳越。吳越之俗。斷髮文身。吾刑餘之人。不可爲宗廟社稷之主。朱熹曰。三讓。謂固遜也。惟孝按吳越春秋曰。古公病將卒。令季歷讓國於太伯。而三讓不受。是漢人所著雖不可必信。意與朱說同。如皇疏所載。尤覺迂回。◯釋文云。得本亦作德。阮元云。案後漢書丁鴻傳論引孔子曰泰伯三以天下讓。民無德而稱焉。李註云。論語載孔子之言也。又引鄭玄註云。三讓美皆蔽隱不著。故人無德而稱焉。據此釋文所云。作德者乃鄭君所據之本也。然字雖作德。而義仍爲得。蓋德得古字通。

子曰。恭而無禮則勞。愼而無禮則葸。葸。畏懼之貌。言愼而不以禮節之。則常畏懼。【補】鄭玄曰。葸。愨質貌。◯葸絲里反。勇而無禮則亂。直而無禮則絞。馬融曰。絞。絞刺也。【補】鄭玄曰。急也。◯絞古卯反。君子篤於親則民興於仁。故舊不遺。則民不偸。包氏曰。興。起也。君能厚於親屬。不遺忘其故舊。行之美者。則民皆化之。起爲仁厚之行。不偸薄。○汗簡引古論語篤作竺。阮元云。篤竺古今字。偸他侯反。

曾子有疾。召門弟子曰。啓予足。啓予手。鄭玄曰。啓。開也。曾子以爲受身體於父母。不敢毀傷。故使弟子開衾而視之也。詩云。戰戰兢兢。如臨深淵。如履薄冰。孔安國曰。言此詩者。喻己常戒愼。恐有所毀傷。補 詩小雅小旻篇。朱熹曰。戰戰。恐懼。兢兢。戒謹。臨淵。恐墜。履冰。恐陷也。○兢居陵反。而今而後。吾知免夫。小子。周生烈曰。乃今日後。我自知免於患難矣。小子。弟子也。呼之者。欲使聽識其言。○夫音符。

曾子有疾孟敬子問之　馬融曰。孟敬子魯大夫仲孫捷。補太宰純曰。說苑所記即論語此章之事。而辭指不同。且以孟敬子爲孟儀。亦傳說之異耳。今案辭雖有少不同。是蓋曾子親切之意。臨終而語之。恐不唯孟敬子。曾子言曰鳥之將死其鳴也哀人之將死其言也善。包氏曰。欲戒敬子言我將死言善可用。補皇侃曰。禽獸之將死。不追擇音。君子所貴乎道者三動容貌斯遠暴慢矣正顏色斯近信矣。出辭氣斯遠鄙倍矣　鄭玄曰。此道謂禮也。動容貌能濟濟蹌蹌則人不敢暴慢之。正顏色能矜莊嚴栗則人不敢欺誕之。出辭氣能順而說之則無惡戾之言入於耳。○遠于萬反。近近附之近。倍蒲悔反。籩豆之事則有司存　包氏曰。敬子忽大務小。故又戒之以此。籩豆禮器。補皇侃曰。竹曰籩。木曰豆。豆盛俎醢。籩盛菓實。
曾子曰。以能問於不能。以多問於寡。有若無。實若虛。犯而不校。包氏曰。校報也。言見侵犯不報。[補]朱熹曰。校計校也。昔者吾友嘗從事於斯矣。馬融曰。友謂顏淵。

曾子曰。可以託六尺之孤。孔安國曰。六尺之孤幼少之君。可以寄百里之命。孔安國曰。攝君之政令。臨大節而不可奪也。大節安國家。定社稷。奪不可傾奪。君子人與。君子人也。[補]邢昺曰。審而察之。君子人也。一作君子也。荻生茂卿曰。仲尼燕居云。古之人與。古之人也。與此同法。○與音餘。

曾子曰。士不可以不弘毅。任重而道遠。包氏曰。弘大也。毅強而能斷也。士弘毅然後能負重任致遠路。仁以爲己任。不亦重乎。死而後已。不亦遠乎。孔安國曰。以仁爲己任。重莫重焉。死而後已。遠莫遠焉。

子曰。興於詩。包氏曰。興起也。言修身當先學詩。補邢昺曰。記人立身成德之法也。又曰。不學詩。無以立。立於禮。包氏曰。禮者。所以立身。成於樂。孔安國曰。樂。所以成性也。補邢昺曰。既學詩禮樂以成之。

子曰。民可使由之。不可使知之。由。用也。可使用而不可使知者。百姓能日用而不能知。

子曰。好勇疾貧。亂也。包氏曰。好勇之人。而患疾己貧賤者。必將爲亂。人而不仁。疾之已甚。亂也。孔安國曰。疾惡太甚。亦使其爲亂。

子曰。如有周公之才之美。使驕且吝。其餘不足觀也已。孔安國曰。周公者。周公旦。補荻生茂卿曰。蓋驕則失君子。吝則失小人。○皇本使上有設字。吝力刃反。又力愼反。本亦作悋。校勘記云俗字。皇本高麗本已下有矣字。是也。

子曰。三年學不至於穀。不易得也已。孔安國曰。穀。善也。言人三歲學不至於善。不可得。言必無也。所以勸人學。補孫綽曰。穀。祿也。云三年足以通業。可以得祿。雖時不祿。得祿之道也。太宰純曰。蓋言人苟志於道。若能三年之內。所學不及於穀祿者。善士也。○穀公豆反。易孫音亦。鄭音以豉反。諸本無已字。皇本高麗本與此同。

子曰。篤信好學。守死善道。危邦不入。亂邦不居。天下有道則見。無道則隱。包氏曰。言行當常然。危邦不入。始欲往。亂邦不居。今欲去亂。謂臣弑君子弑父危者。將亂之兆。補邢昺曰。守節至死。不離善道也。邦有道貧且賤焉恥也。邦無道富且貴焉恥也。

子曰。不在其位。不謀其政。孔安國曰。欲各專一於其職。

子曰。師摯之始。關雎之亂。洋洋乎盈耳哉。鄭玄曰。師摯魯大師之名。始猶首也。周道既衰微。鄭衛之音作。正樂廢而失節。魯大師摯識關雎之聲。而首理其亂者。洋洋盈耳。聽而美之。補史記孔子世家曰。關雎之亂。以為風始。楊用修曰。晉司馬彪傳。關雎亂則師摯修。惟孝案。師摯即向摯。呂子曰。向摯見紂之愈亂迷惑也。於是載其圖法。出亡之周。又曰。商摯處乎商而商滅。處乎周而周王是也。皇侃曰。洋洋聲盛也。○摯音至。雎七餘反。洋音羊。

子曰。狂而不直。孔安國曰。狂者進取。宜直。○狂求匡反。侗而不愿。孔安國曰侗未成器之人愿謹愿○侗音通又勑動反玉篇音同愿音願孔云謹也鄭云善也悾悾而不信包氏曰悾悾愨愨也空可信○悾音空吾不知之矣孔安國曰言皆與常度反故我不知

子曰學如不及猶恐失之學自外入至熟乃可長久如不及猶恐失之耳

子曰巍巍乎舜禹之有天下也而不與焉美舜禹己不與求天下而得之巍巍高大之稱[補]朱熹曰不與猶言不相關言其不以位爲樂也○巍魚威反

子曰大哉堯之爲君也巍巍乎唯天爲大唯堯則之孔安國曰則法也美堯能法天而行化蕩蕩乎民無能名焉包氏曰蕩蕩廣遠之稱言其布德廣遠民無識其名焉巍巍乎其有成功也功成化隆

高大巍巍。煥乎其有文章。煥明也。其立文垂制。又著明。

舜有臣五人而天下治。孔安國曰。禹稷契皋陶伯益。武王曰予有亂十人。馬融曰。亂理也。理官者十人。謂周公旦。召公奭。大公望。畢公。榮公。太顛。閎夭。散宜生。南宮适。其一人謂文母。【補】陸德明曰。亂十人本或作亂臣十人。非。阮元曰。案困學紀聞云。論語釋文予有亂十人。左傳叔孫穆子亦曰。武王有亂十人。劉原父謂子無臣母之理。然本無臣字。舊說不必改。攷皇疏云。亂理也。武王曰。我有共理天下者有十人也。似亦無臣字。蓋唐石經此處及左傳襄廿八年。臣字皆後人據僞泰誓妄增。〇本註文母皇侃曰。文王之妻也。孔子曰才難不其然乎。唐虞之際。於斯爲盛。有一婦人。九人而已。孔安國曰。唐者堯號。虞者舜號。際者。堯舜交會之間。斯此也。此言堯舜交會之間。比於周。周最盛多賢才。然尚有一婦人。其餘九人而已。人才難得。豈不然乎。補朱熹曰。才難蓋古語。而孔子然之也。○二疏及朱本婦上無一字。

三分天下有其二。以服事殷。周德其可謂至德也已矣。包氏曰。殷紂淫亂。文王爲西伯。而有聖德。天下歸周者三分有二。而猶以服事殷。故謂之至德。補挍勘記云。皇本三作參。釋文出參分云。一音三。本今作三。案後漢書伏湛傳。文選典引並作參。是古本皆作參字。周德之間。諸本有之字。皇本高麗本與此同。

子曰。禹吾無間然。孔安國曰。孔子推禹功德之盛。言己不能復間厠其間。○間。間厠之間。菲飲食而致孝乎鬼神。馬融曰。菲。薄也。致孝鬼神。祭祀豐絜。○菲音匪。惡衣服而致美乎黻冕。孔安國曰。損其常服。以盛祭服。補邢昺曰。致美備采章也。又云。黻。蔽膝也。以韋爲之。其色皆赤。尊卑以淺深爲異。大夫以上冕服。悉皆有黻。○黻音弗。冕音免。卑宮室而盡力乎溝洫。包氏曰。方里爲井。井間有溝。溝廣深四尺。十里爲成。成間有洫。洫廣深八尺。〇盡津忍反。洫呼域反。禹吾無間然矣。

論語卷四　畢

論語卷五

何晏集解
山本惟孝補解

子罕第九　凡三十一章

子罕言利與命與仁。罕者。希也。利者。義之和也。命者。天之命也。仁者。行之盛也。寡能及之。故希言也。○罕呼早反。

達巷黨人曰。大哉孔子。博學而無所成名。鄭玄曰。達巷者。黨名也。五百家爲黨。此黨之人。美孔子博學道藝不成一名而已。補狄生茂卿曰。達巷黨人。疑姓名。○史記。黨人下有童子之字。子聞之。謂門弟子曰。吾何執。執御乎。執射乎。吾執御矣。鄭玄曰。聞人美之。承之以謙。吾執御者。欲名六藝之卑。

子曰。麻冕禮也。今也純。儉。吾從衆。孔安國曰。冕。緇布冠也。古者績

麻三十升布以爲之。純。絲也。絲易成。故從儉。補皇
侃曰。周禮有六冕。以平板爲主。而用三十升麻布
衣板上。玄下纁。○純順倫
反。鄭作側基反。黑繒也。
拜下禮也。今拜乎上泰
也。雖違衆。吾從下。
王肅曰。臣之與君行禮者。下拜
然後升成禮。時臣驕泰。故於上
拜。今從下。
禮之恭也。

子絕四。毋意。
以道爲度。故不任意。○
毋音無。下同。意如字。
毋必。
用之則
行。舍之
則藏。故無
自專必。
毋固。
無可無不可。
故無固行。
毋我。
述古而不自作。
處羣萃而不自
異。唯道是從。故
不自有其身。

子畏於匡。
包氏曰。匡人誤圍夫子。以爲陽虎。陽虎
嘗暴於匡。夫子弟子顏剋時又與虎俱
往。後剋爲夫子御。至於匡。匡人相與共識剋。又夫
子容貌與虎相似。故匡人以兵圍之。補史記云。孔

子去衛。將適陳。曰。文王既沒。文不在茲乎。孔安國曰。茲。此也。言文王雖已沒。其文見在此。此自此其身。天之將喪斯文也。後死者不得與於斯文也。孔安國曰。文王既沒。故孔子自謂後死。言天將喪此文者。本不當使我知之。今使我知之。未欲喪也。○喪息浪反。下同。與音預。天之未喪斯文也。匡人其如予何。馬融曰。如予何者。猶言奈我何也。天之未喪此文。則我當傳之。匡人欲奈我何。言其不能違天害己。

大宰問於子貢曰。夫子聖者與。何其多能也。孔安國曰。大宰。大夫官名。或吳或宋。未可分也。疑孔子多能於小藝。補說苑曰。子貢見大宰嚭。大宰嚭問曰。孔子何如。皇疏引哀公十二年左氏傳之文曰。恐此時大宰嚭問子貢也。陸德明曰。是吳大宰嚭。○大音太。與音餘。子貢曰。固天縱之將聖。又多能也。孔安國曰。言天固縱大聖之德。又使多能。〔補〕論衡引此語曰。將。且也。皇侃曰。將。大也。惟孝曰。恐詩商頌受命溥將之將。○縱子用反。

子聞之曰。大宰知我者乎。吾少也賤。故多能鄙事。君子多乎哉。不多也。包氏曰。我少小貧賤。常自執事。故多能爲鄙人之事。君子固不當多能。○諸本無者字。皇本高麗本與此同。少詩照反。

牢曰。子云。吾不試。故藝。鄭玄曰。牢。弟子子牢也。試。用也。言孔子自云。我不見用。故多能伎藝。〔補〕陸德明曰。家語有琴牢。字子開。一字子張。史記無文。

子曰。吾有知乎哉。無知也。知者。知意之知也。言知者言未必盡。今我誠盡。有鄙夫問於我。空空如也。我叩其兩端而竭焉。孔安國曰。有鄙夫來問於我。其意空空然。我則發事之終始兩端以語之。竭盡所知。不爲有愛。○皇本問上有來字。空空。鄭或作悾悾。

子曰。鳳鳥不至。河不出圖。吾已矣夫。孔安國曰。聖人受命則鳳鳥至。河出圖。今天無此瑞。吾已矣夫者。不得見也。河圖。八卦是也。[補]杜預左氏傳序引此語曰。蓋傷時王之政也。○出如字。舊尺遂反。夫音符。

子見齊衰者。冕衣裳者。與瞽者。包氏曰。冕者。冕冠也。大夫之服。瞽。盲也。○齊音咨。衰七雷反。挍勘記云。釋文出冕字云。鄭本作弁。云。魯讀爲絻。今從古。鄉黨篇亦然。瞽音古。見之雖少者必作。過之必趨。包氏曰。作。起也。趨。疾行也。此夫子哀有喪。尊在位。恤不成人。[補]周語曰。瞽獻典。史獻書。師箴。瞍賦。矇誦。又殷學曰瞽宗。教誨所存。故敬之。

荻生茂卿曰。古者教人以禮樂。詔樂者爲瞽者。殷學曰瞽宗。瞽者爲人師者也。故又謂之師。惟孝案蓋瞽者。諷誦之官。古訓之所存。非敬其人也。○諸本無者字。皇本高麗本與此同。宋石經趣作趍。阮元云。正

俗字。

顏淵喟然歎曰。喟。歎聲。○按校勘記云。十行本閩本歎作嘆。注疏同。按說文歎訓吟。嘆訓吞。二字義別。此當从欠。今人多通用之。仰之彌高。鑽之彌堅。言不可窮盡。瞻之在前。忽焉在後。言惚怳不可爲形象。夫子循循然善誘人。循循。次序貌。誘。進也。言夫子正以此道勸進人有所序。博我以文。約我以禮。欲罷不能。既竭吾才。如有所立卓爾。雖欲從之。末由也已。孔安國曰。言夫子既以文章開博我。又以禮節節約我。使我欲罷而不能。已竭

我才矣。其有所立。則又卓然不可及。言己雖蒙夫子之善誘。猶不能及夫子之所立。補皇侃曰。末。無也。○罷皮買反。又皮巴反。又音皮。卓陟角反。

子疾病。包氏曰。疾甚曰病。子路使門人爲臣。鄭玄曰。孔子嘗爲大夫。故子路欲使弟子行其臣之禮。病閒曰。久哉矣由之行詐也。無臣而爲有臣。吾誰欺。欺天乎。孔安國曰。病少差曰閒。言子路之有是心。非唯今日也。○閒如字。詐側嫁反。且予與其死於臣之手也。無寧死於二三子之手乎。馬融曰。無寧。寧也。二三子。門人也。就使我有臣而死其手。我寧死弟子之手乎。且予縱不得大葬。孔安國曰。君臣禮葬。予死於道路乎。馬融曰。就使我不得以君臣禮葬。有二三子在。我寧當憂棄於道路乎。

子貢曰。有美玉於斯。韞匵而藏諸。求善賈而沽諸。馬融曰。韞。藏也。匵。匱也。藏諸匱中。沽。賣也。得善賈。寧賣之邪。○韞紆粉反。匵本又作櫝。徒木反。賈音嫁。一音古。沽音姑。漢石經沽作賈。下同。阮元云。按作沽用假借字。玉篇夂部夃下。引論語曰。求善賈夃諸。未知所據何本也。子曰。沽之哉。沽之哉。我待賈者也。包氏曰。沽之哉。不衒賣之辭。我居而待賈者。

子欲居九夷。馬融曰。九夷。東方之夷有九種。或曰。陋如之何。子曰。君子居之。何陋之有。馬融曰。君子所居則化。

子曰。吾自衞反魯。然後樂正。雅頌各得其所。鄭玄曰。反魯。魯哀公十一年冬。是時道衰。樂廢。孔子來還。乃正之。故曰雅頌各得其所。○皇本高麗本反下有於字。

子曰。出則事公卿。入則事父兄。喪事不敢不勉。不爲酒困。何有於我哉。馬融曰。困。亂也。補皇侃曰。言我何能行此三事。

子在川上曰。逝者如斯夫。不舍晝夜。包氏曰。逝往也。言凡往者如川之流。○夫音符。下章有矣夫並同。

子曰。吾未見好德如好色者也。疾時人薄於德而厚於色。故以發此言。補家語曰。衛靈公與夫人南子同車。使孔子爲次乘。時有此歎。○好呼報反。下同。

子曰。譬如爲山。未成一簣。止。吾止也。包氏曰。簣。土籠也。此勸人進於道德。爲山者其功雖已多。未成一籠。而中道止者。我不以其前功多而善之。見其志不遂。故不與也。○貫求位反。

譬如平地。雖覆一簣。進吾往也。馬融曰。平地者。將進加功。雖始覆一簣。我不以其見功少而薄之。據其欲進而與之。○覆芳服反。

子曰。語之而不惰者。其回也與。顏淵解。故語之而不惰。餘人不解。故有惰語之時。○語魚據反。惰徒臥反。與音餘。

子謂顏淵曰。惜乎。吾見其進也。未見其止也。包氏曰。孔子謂顏淵。謂進益未止。痛惜之甚。

子曰。苗而不秀者有矣夫。秀而不實者有矣夫。孔安國曰。言萬物有生而不育成者。喻人亦然。

子曰。後生可畏。焉知來者之不如今也。後生。謂年少。○焉於虞反。四十五十而無聞焉。斯亦不足畏也已。補皇本高麗本已下有矣字。是也。

子曰。法語之言。能無從乎。改之爲貴。孔安國曰。人有過。以正道告之。口無不順從之。能必自改。乃爲貴。○語魚據反。巽與之言。能無説乎。繹之爲貴。馬融曰。巽恭也。謂恭巽謹敬之言。聞之無不説者。能尋繹行之。乃爲貴。補皇侃曰。巽恭遜也。○巽音遜。説音悅。下同。繹音亦。説而不繹。從而不改。吾末如之何也已矣。

子曰。主忠信。無友不如己者。過則勿憚改。愼其所主。所友。有過務改。皆所以爲益。補范甯曰。一事或再言。弟子重師之訓。故又書而存。邢昺曰。學而篇。已有此文。記者異人故重出之。○憚徒旦反。

子曰。三軍可奪帥也。匹夫不可奪志也。孔安國曰。三軍雖衆。人心非一。則其將帥可奪而取之。匹夫雖微。苟守其志。不可得而奪也。補皇侃曰。謂爲匹夫者。言其賤但夫婦相配匹而已也。○帥色類反。

子曰。衣敝縕袍。與衣狐貉者立而不恥者。其由也與。孔安國曰。縕枲著。補皇侃曰。枲麻也。以碎麻著裘也。碎麻曰縕。故絮亦曰縕。玉藻曰。縕爲袍。是也。○挍勘記云。皇本高麗本敝作弊。釋文出衣弊云。本今作敝。案說文袍字下引論語。亦作弊。弊者敝之俗。○衣於既反。縕紆粉反。袍蒲刀反。貉戶洛反。與與音餘。

不忮不求。何用不臧。馬融曰。忮害也。臧善也。言不忮害不貪求。何用爲不善。疾貪惡忮害之詩。補惟孝曰。此八字詩邶風雄雉之篇。○忮之豉反。臧作郎反。

子路終身誦之。子曰：是道也，何足以臧。

馬融曰：臧，善也。尚復有美於是者，何足以爲善。〔補〕惟孝曰：終身，猶孟子樂歲終身樂之終身。言常也。道，言也。是道也，猶曰是言也。墨子天志篇：大明之道曰；尚同篇，呂刑之道曰；術令之道曰，可以證矣。

子曰：歲寒，然後知松柏之後彫也。

大寒之歲，衆木皆死，然後知松柏小彫傷。平歲則衆木亦有不死者，故須歲寒而後別之。喻凡人處治世亦能自修整，與君子同，在濁世然後知君子之正不苟容。〔補〕皇本彫作凋。釋文云：依字當作凋。阮元云：釋文是也。彫是假借字。○彫，丁條反。

子曰：知者不惑。

包氏曰：不惑亂。

仁者不憂。

孔安國曰：無憂患。

勇者

不懼孔安國曰無畏懼補孫綽曰智能辨物故不惑安於仁不改其樂故無憂謬協云見義而爲不畏强禦故不懼

子曰可與共學未可與適道適之也雖學或得異端未必能之道可與適道未可與立雖能之道未必能以有所成立可與立未可與權雖能有所立未必能權量其輕重之極補皇侃曰權者反常而合於道者也自非通變達理則所不能故雖可共立於正事而未便與之爲權也○按勘記云筆解云正文傳寫錯倒當云可與共學未可與立可與適道未可與權案詩緜正義及說苑權謀篇三國志魏武帝紀注北周書宇文護傳論竝引可與適道未可與權與筆解說合○按此亦翟灝之說

唐棣之華偏其反而豈不爾思室是遠而逸詩也唐棣移也華反而後合賦此詩以言權

道反而後至大順。思其人而不得見者。其室遠也。以言思權而不得見者。其道遠也。補朱注別爲一章。曰偏晉書作翩。言華之搖動也。而語助也。此逸詩也。上兩句無意義。但以起下兩句之辭耳。伊藤維楨曰。角弓之詩。又有翩其反矣之句。則從晉書爲是。春秋繁露竹林篇。引唐棣以下。其旨與舊解同。其說之來久矣。○春秋繁露竹林篇。文選廣絶交論注。並引作棠棣。棣大計反。字林大內反。偏音篇。

子曰。未之思也。夫何遠之有。夫思者。當思其反。反是不思。所以爲遠。能思其反。何遠之有。言權可知。唯不知思耳。思之有次序。斯可知矣。補陸德明曰。一讀以夫字屬上句。太宰純曰。此孔子說逸詩也。詩辭言我豈不思汝哉。特以汝所居室遠。故不往耳。○未音味。或作末者非。夫音符。皇本高麗本有下有哉字。

鄉黨第十

凡一章○朱熹曰。舊說凡一章。今分爲十七節。

孔子於鄉黨。恂恂如也。似不能言者。王肅曰。恂恂。溫恭貌。○恂音荀。又音旬。其在宗廟朝廷。便便言。唯謹爾。鄭玄曰。便便辨也。雖辨而謹敬。○本註。辨也皇本作言辨貌。朝直遙反。下同。廷徒寧反。便婢緜反。朝與下大夫言。侃侃如也。孔安國曰。侃侃和樂之貌。○侃苦旦反。與上大夫言。誾誾如也。孔安國曰。誾誾中正之貌。○誾魚巾反。君在踧踖如也。與與如也。馬融曰。君在。君視朝也。踧踖恭敬之貌。與與威儀中適之貌。○與音餘。君召使擯。鄭玄曰。君召使擯者。有賓客使迎之。○擯必刃反。又作儐。亦作賓。皆同。阮元云。按擯相之擯當从才。从人者。乃儐禮字。釋文亦作賓者。如史記設九賓於庭。是也。色勃如也。孔安國曰。必變色。○勃步忽反。足躩如也。包氏曰。盤辟貌。○躩駈碧反。本註。盤辟。足轉速也。阮元云。按當作般。假借作盤。俗作磐。揖所與立左右其手衣前後襜如也。鄭玄曰。揖左人左其手。揖右人右其手。一俛一仰。故衣前後則襜如也。○皇本手上有其字。與此同。阮元云。案鄭注云。揖左人左其手。揖右人右其手。疑皇本是。襜赤占反。趨進翼如也。孔安國曰。言端好也。○說文引作趩。今作翼者。趩之省文。賓退必復命曰賓不顧矣。孔安國曰。復命白君賓已去矣。入公門鞠躬如也如不容。孔安國曰。斂身。○鞠九六反。立不中門行不履閾。孔安國曰。閾。門限也。補皇侃曰。中門謂棖闑之中也。○闑于逼反。一音況逼反。過位色勃如也足躩如也。包氏曰。過君之空位也。補皇侃曰。謂拄宁屏之間。揖賓之處也。其言似不足者。攝齊升堂鞠躬如也屏氣似不息者。孔安國曰。皆重愼也。

衣下曰齊。攝齊者。摳衣也。

齊音資。裳下也。篇末皆同。○出降一等。逞顏色。怡怡如也。孔安國曰。先屏氣。下階舒氣。故怡怡如也。○逞勑井反。怡以之反。沒階趨

進翼如也。孔安國曰。沒。盡也。下盡階。○按勘記云。釋文出沒階趨云。一本作沒階趨進。誤也。案經義雜記云。集注引陸氏曰。趨下本無進字。俗本有之誤。案史記孔子世家作沒階趨。儀禮聘禮注引論語同。曲禮帷薄之外不趨。正義儀禮士相見禮疏引並有進字。然則自兩漢以至唐初皆作沒階趨進。趨進者。趨前之謂也。進字不作入字解。舊有此字。非誤。孫士祖云。說文引此文。亦有進字。見辵部趨字注。

復其位踧踖如也。孔安國曰。來時所過位也。執圭鞠

躬如也。如不勝。包氏曰。爲君使以聘問鄰國。執持君之圭。鞠躬者。敬慎之至。○勝音升。

上如揖。下如授。勃如戰色。足蹜蹜如有循。鄭玄曰。上

如揖。授玉宜敬。下如授。不敢忘禮。戰色。敬也。足蹜蹜如有循。舉前曳踵行。○上時掌反。又如字。下魯讀下為趨。今從古。蹜色六反。

享禮有容色。

鄭玄曰。享獻也。聘禮既聘而享。享用圭璧。有庭實。補皇侃曰。聘禮後使臣見主國之君有獻物。本注庭實。皇侃云。皮馬錦綉之屬。羅列滿庭。○享許丈反。

私覿愉愉如也。

鄭玄曰。覿見也。既享乃以私禮見。愉愉顏色和。○覿直歷反。愉羊朱反。

君子不以紺緅飾。

孔安國曰。一入曰緅。飾者。不以為領袖緣也。紺者齊服盛色。以為飾衣。似衣齊服。緅者。三年練以緅飾衣。為其似衣喪服。故皆不以飾衣。補皇侃曰。孔以紺為齊服盛色。或可言紺深於玄。為似齊服故不用也。而禮家三年練以縓為深衣領緣。不云用緅。且撿考工記。三入為纁。五入為緅。七入為緇。則緅非復淺絳明矣。故解者相承皆云。孔此注誤也。阮元曰。案緅乃縓字之誤。錢大昕答問云。爾雅。一染謂之縓。即孔所云一入也。檀弓云。練練衣黃裏縓緣。注云。小祥練冠練中衣。以黃爲內。縓爲飾。卽孔所云三年練以飾衣者也。然則孔本經注皆當作縓不作緅矣。攷工記鍾氏三入爲纁。五入爲緅。注謂染纁者三入而成。又再染以黑則爲緅。緅今禮俗文作爵。言如爵頭色也。先鄭司農以論語君子不以紺緅飾證五入爲緅之文。則先鄭所受論語本作緅。與孔本異也。自集解采孔氏說。而經文仍從緅字。又改注文之縓亦爲緅。而二文相亂。邢氏知孔讀緅爲縓。又云一入曰緅。未知出何書。此知二五而不知十也。○紺古暗反。緅莊由反。

諸本居下有服字皇本與此同

紅紫不以爲褻服。 王肅曰。褻服私居。非公會之服。皆不正。褻尚不衣。正服無所施。○褻息列反。

當暑袗絺綌必表而出。 孔安國曰。暑則單服。絺綌。葛也。必表而出。加上衣也。補皇侃曰。縝單也。絺細練葛也。綌大練葛也。表謂加上衣也。若在家。則裘葛之上。亦無別加衣。若出行接賓。皆加上衣。○挍勘記云。皇本袗作縝。唐石經作袗。釋文出袗字云。本又作袗。

單也。五經文字云。袗論語作袗。禮記作振。廣韻十六軫云。袗。單衣。或作縝。又文選聖主得賢臣頌注亦引作袗。說文訓袗爲元服。並無單衣之訓。按段玉裁云。曲禮引論語作袗。孔安國曰。暑則單服。玉藻振絺綌不入公門。鄭云振讀爲袗。袗。禪也。是袗爲正字。振袗爲假借字。縝俗字。說文袗。元服。據曲禮玉藻注。當云袗禪也。袗之忍反。絺勑之反。細葛。綌去逆反。麤葛。諸本出下有之字。皇本與此同。

緇衣羔裘。素衣麑裘。黃衣狐裘。褻裘長。短右袂。

孔安國曰。服皆中外之色相稱也。私家裘長主溫。短右袂者。便作事。補朱熹曰。緇。黑色。邢昺曰。凡祭服先加明衣。次加中衣。冬則次加袍繭。夏則不袍繭。用葛也。次加祭服。若朝服。布衣亦先以明衣親身。次中衣。冬則次加裘。裘上加裼衣。裼衣之上加朝服。夏則中衣之上不用裘而加葛。葛上加朝服。凡服必中外之色相稱。羔裘。黑羊裘也。故用緇衣以裼之。麑裘。鹿子皮以爲裘也。故用素衣以裼之。狐裘黃。故用黃衣以裼之。阮元曰。說文。麛。鹿子也。麑。狻麑獸也。兩字義別。然古書多通用。按兒聲弭聲古音同部。○按勘記褻裘提行云。十行本閩本北監本毛本並連上爲一節。皇本此本六字別爲一節。以私家褻長以下爲此節注。又加孔安國曰四字。說文引褻裘長作絬衣長。緇側基反。麑米傒反。袂面世反。

必有寢衣長一身有半。孔安國曰。今之被也。○長直亮反。

狐貉之厚以居。鄭玄曰。在家以接賓客。○貉戶各反。

去喪無所不佩。孔安國曰。去除也。非喪則備佩所宜佩也。補朱熹曰。君子無故玉不去身。觿礪之屬亦皆佩也。○去起呂反。佩字或從玉旁非。

非帷裳必殺之。王肅曰。衣必有殺縫。唯帷裳無殺也。補皇疏引鄭注曰。帷裳謂朝祭之服。其制正幅如帷也。○帷位悲反。殺色界反。

羔裘玄冠不以弔。孔安國曰。喪主素。吉主玄。吉凶異服。故不相弔也。

吉月必朝服而朝。孔安

國曰。吉月。月朔也。朝服。皮弁服。補皇侃曰。凡言朝服。唯是玄冠。緇布衣。素積裳。今此云朝服。謂皮弁十五升白布衣。素積裳也。○本注皮弁服。白鹿皮冠視朔之服。用布亦十五升。

齊必有明衣布也。孔安國曰。以布爲沐浴衣。補邢昺曰。明齊潔其體也。○齊本或作齋。同。側皆反。

齊必變食。孔安國曰。改常饌。居必遷坐。孔安國曰。易常處。

食不厭精。膾不厭細。食饐而餲。孔安國曰。饐餲。臭味變。補陸德明曰。食。飯也。爾雅曰。食饐謂之餲。○食音嗣。厭於豔反。下同。膾古外反。饐於冀反。字林云。飯傷熱溼也。央莅央冀二反。餲烏邁反。

魚餒而肉敗不食。孔安國曰。魚敗曰餒。補爾雅曰。肉謂之敗。魚謂之餒。○挍勘記云。釋文出魚餧云。說文云。魚敗曰餧。本又作餒。字書同。按說文作餧。从食委聲。餧餒古今字。餒。俗字。餒。奴罪反。

色惡不食。臭惡不食。失飪不食。孔安國曰。失飪。失生熟之節。○飪而甚反。

不時不食。鄭玄曰。不時。非朝夕日中時。【補】江熙曰。不時。謂生非其時。若冬梅李實也。朱熹曰。不時。五穀不成。果實未熟之類。毛奇齡曰。禮運曰。飲食必時。仲尼燕居曰。味得其時。惟孝案。魚餒以下至下文不食。恐似稱魚肉之事。

割不正不食。不得其醬不食。馬融曰。魚膾非芥醬不食。【補】墨子非儒篇曰。哀公迎孔丘。席不端弗坐。割不正弗食。皇侃曰。古人割肉必方正。江熙曰。殺不以道。爲不正也。

肉雖多不使勝食氣。唯酒無量不及亂。沽酒市脯不食。不撤薑食。孔安國曰。撤。去也。齋禁薰物。薑辛不臭。故不去。【補】阮元曰。説文引氣作既。案禮中庸。既廩稱事。鄭君注既讀爲餼。説文無餼字。氣即餼字。是既與氣通也。程瑤田通藝錄曰。論語不使勝食氣。説文氣作既。釋之曰。小食也。引論語以證之。蓋古文氣息字作气。加米則爲氣稟字。與既字相通。然後世於氣字。無不讀作氣息者。不有說文。則論語食氣二字難通其義。荻生茂卿曰。蓋孔子嗜薑。如文王嗜昌歜。然不多食。所以爲君子。是而已矣。太宰純曰。焉有上不言齊。而忽言齊時之食哉。○按勘記云。石經考文提要引宋本九經。撤作徹。說文無撤字。撤乃徹之俗字。量音亮。沽音姑。本注薑或作君。作葷。阮元云。按葷古多作薫。或作君。**不多食。**孔安國曰。不過飽。**祭於公不宿肉。**周生烈曰。助祭於君所得牲體歸則以班賜不留神惠。**祭肉不出三日。出三日不食之矣。**鄭玄曰。自其家祭肉過三日不食。是褻鬼神之餘。**食不語。寢不言。雖疏食菜羹瓜祭必齊如也。**孔安國曰。齊嚴敬貌。三物雖薄。祭之必敬。補陸德明曰。魯讀瓜爲必。今從古。朱熹從魯讀。太宰純曰。何休公羊傳注引論語曰。雖疏食菜羹瓜祭。○皇本十行本疏作蔬。皇本瓜作菰。阮元云。菰俗字。瓜古華反。**席不正不坐。鄉人**

飲酒杖者出。斯出矣。孔安國曰。杖者。老人也。鄉人飲酒之禮。主於老者。老者禮畢出。孔子從而後出。鄉人儺。朝服而立於阼階。孔安國曰。儺。驅逐疫鬼。恐驚先祖。故朝服立於廟之阼階。○釋文云。本或作於阼階。阮元云。案釋文是。古本無階字。經義雜記云。此階字蓋因注誤衍。阼才故反。問人於他邦。再拜送之。孔安國曰。拜送使者。敬也。康子饋藥。拜而受之。包氏曰。饋孔子藥。○一本或無而之二字。曰。丘未達。不敢嘗。孔安國曰。未知其故。故不嘗。禮也。補皇侃曰。未曉此藥治何疾。廏焚。子退朝曰。傷人乎。不問馬。鄭玄曰。重人賤畜。退朝自魯君之朝來歸。

補禮襍記曰。廏焚。孔子拜鄉人爲火來者。家語子貢問曰。孔子爲大司寇。國廏焚。子退朝而之火所。鹽鐵論曰。魯廏焚。孔子罷朝。問人不問馬。惟孝案皇侃陸德明等皆以爲孔子之廏。據禮記也。陸德明日。一讀至不字絶句。○廄久又反。君賜食。必正席先嘗。孔安國曰。敬君之惠也。既嘗之。乃以班賜。君賜腥。必熟而薦之。孔安國曰。薦其先祖。補陸德明曰。說文字林並作胜云。不熟也。阮元云。案五經文字云。胜腥先丁反。下先定反。今經典通用腥爲胜。並先丁反。君賜生。必畜之。侍食於君。君祭先飯。鄭玄曰。於君祭則先飯矣。若爲君嘗食然。補邢昺曰。曲禮注。得食種種出少許置在豆間之地。以報先代造食之人。○飯扶晩反。疾。君視之。東首。加朝服。拖紳。包氏曰。夫子疾處南牖之下。東首加其朝服拖紳。紳。大帶。不敢不衣朝服見君。○唐石經拖作拕。釋文云。本或作拕。挍勘記云。說文引朝服。袉紳。是假借袉爲拕也。○首手又反。拖徒我反。又勑佐反。紳音申。君命召。不俟駕行矣。鄭玄曰。急趨君命。行出而車駕隨之。入大廟。每事問。鄭玄曰。爲君助祭也。大廟。周公廟也。〇大或作太。唐石經皇本與此同。大音太。

朋友死，無所歸，曰：於我殯。

孔安國曰。重朋友之恩。無所歸。無親昵。〇殯必刃反。

朋友之饋，雖車馬，非祭肉，不拜。

孔安國曰。不拜。有通財之義。

寢不尸。

包氏曰。偃仆四體布展手足。似死人。補 荻生茂卿曰。寢。內寢也。尸謂祭祀之尸也。

居不容。

孔安國曰。爲家室之敬難久。補 挍勘記云。唐石經容作客。釋文出居不客。云。苦百反。本或作容。羊凶反。案唐石經作客字不誤。經義雜記云。居不客。言居家不以客禮自處。集解載孔注云。爲室家之敬難久。謂因一家之人難久以客禮敬己也。邢疏云。不爲容儀。夫君子物各有儀。豈因私居廢乎。是當從陸氏作客。段玉裁曰。居不客者。嫌其主之類於賓也。寢不尸。惡其生之同於死也。

子見齊衰者，雖狎，必變。

孔安國曰。狎者。素親狎。〇各本見上無子字。皇本高麗本與此同。齊音咨。衰七雷反。狎戶

甲反　見冕者與瞽者。雖褻必以貌。周生烈曰。褻謂數相見。必當以貌禮之。○冕。鄭本作弁。

凶服者式之。式負版者。孔安國曰。凶服。送死之衣物。負版者。持邦國之圖籍者。補邢昺曰。式者。車上之橫木。男子立乘。有所敬。則俯而憑式。徐勣曰。負版。喪服之負版。荻生茂卿曰。此一句傳論語者之言。誤入正文也。負版以下。何晏所增。如注家所云。則本文當曰負版者式之。

有盛饌。必變色而作。孔安國曰。作。起也。敬主人之親饋。

迅雷風烈必變。鄭玄曰。敬天之怒。風疾雷爲烈。補皇侃曰。玉藻云。若疾風迅雷甚雨。則必變。雖夜必興。衣服冠而坐。○迅音信。又音峻。

升車。必正立執綏。周生烈曰。必正立執綏。所以爲安。補皇侃云。綏。牽以上車之繩也。

車中不內顧。包氏曰。車中不內顧。言前視不過衡軛。傍視不過輢轂。補釋文云。魯讀車中內顧。今從古也。阮元云。按魯論古論雖所傳不同。然究以無不字爲是。盧文弨鍾山札記云。文選東京賦云。夫君人者。黈纊塞耳。車中內顧。李善引魯論及崔駰車左銘正位受綏車中內顧以爲注。又漢書成帝紀贊云。升車正立不內顧。不疾言。不親指。顏師古注云。今論語云。車中內顧。不疾言。不親指。內顧者。說者以爲前視不過衡軛。旁視不過輢轂。與此不同。然則師古所見之論語亦無不字。說者云云。乃包咸注是。包亦依魯論爲說也。惟集解既從古論。而又采包注以附之。不知者并增不字。誤益誤矣。○顧音故。

不疾言

不親指。色斯舉矣。馬融曰。見顏色不善則去之。翔而後集。周生烈曰。迴翔審觀而後下止。曰山梁雌雉時哉時哉子路共之三嗅而作。言山梁雌雉得其時。而人不得時。故歎之。子路以其時物。故共具之。非其本意。不苟食。故三嗅而起也。[補]鄭玄曰。孔子山行。見雉食梁粟也。皇侃曰。孔子因所見而有歎也。晁說之曰。石經嗅

作戞、謂雉鳴也。劉勉之曰、嗅當作臭。張兩翅也。大
松崖氏共訓拱。惟孝案、太宰純述荻生茂卿之說
曰、章首二句、逸詩也。梁、橋也。嗅從石經作戞。或據
爾雅作臭。蓋孔子出行于山梁閒、適見雉之飲啄
得其時、歎曰、山梁雌雉、時哉時哉。子路進而拱之。
雉三戞張兩翅而起。記者引之明逸詩之意。然哉
然哉。唯以此章爲說逸詩、恐未盡其義也。要此二
句、定是逸詩。縱非逸詩、作是儷語、形容山梁之雉。
抑足見古人之文。凡此篇所記、皆夫子平日之居
動形容。而如此章、亦其中行藏之大者。蓋行路偶
見雉之翔集而歎之。記論語者、居之於此篇之終。
似有深意者。◯挍勘記云、釋文云、一本作時哉時
哉。案皇邢兩疏文義、不當重時哉。又攷後漢書班
固傳注、太平御覽九百十七引此文、時哉二字不
重。共皇本作供、釋文云、本又作供。案、共供古字通。
玉篇、齅下引作三齅而作。案、說文止有齅字。嗅乃
齅之俗字。梁音良。共九用反、又音
恭。三息暫反。又如字。嗅許又反。

論語卷五 畢

論語卷六

何晏集解
山本惟孝補解

先進第十一　凡二十三章

子曰。先進於禮樂。野人也。後進於禮樂。君子也。孔安國曰。先進後進。謂仕先後輩也。禮樂因世損益。後進與禮樂俱得時之中。斯君子矣。先進有古風。斯野人也。如用之。則吾從先進。將移風易俗。歸之淳素。先進猶近古風。故從之。

補本註。皇本有苞氏曰三字。

子曰。從我於陳蔡者。皆不及門也。鄭玄曰。言弟子從我而厄於陳蔡者。皆不及仕進之門。而失其所。補皇侃曰。張憑云。感於天地將閉。君子道消。而悵二三子不及開泰之門也。惟孝曰。不及門。恐言後而不及其時用也。鄭氏之言殆矣。○從才用反。

德行。顏淵閔子騫冉伯牛仲弓。言語。宰我子貢。政事。冉有季路。文學。子游子夏。

【補】王弼曰。此四科者。各舉其才長也。邢昺曰。或時在陳言之。唯舉從者。荻生茂卿曰。四科乃四教之所成。德行。行也。文學。文也。言語。尚信。政事。尚忠。孔子以四教。其所成人才。亦不過此四科而已。阮元曰。釋文云。鄭云以合前章。皇別爲一章。案攷文載古本。德行上有子曰二字。毛奇齡論語稽求篇曰。舊有子曰字。故史記冉伯牛傳云。孔子稱之爲德行。四書攷異云。案攷文每云古本皆以證其與皇本同也。今撿皇侃義疏本。惟別分此爲章。子曰字未嘗有。其疏則云。此章初無子曰者。是記者所書。並從孔子印可。而錄在論中也。行下孟反

子曰。回也非助我者也。於吾言無所不說。孔安國曰。助。益也。言回聞言即解。無可發起增益於己。○說音悅。

子曰。孝哉閔子騫。人不間於其父母昆弟之言。陳羣曰。言子騫上事父母。下順兄弟。動靜盡善。故人不得有非間之言。補惟孝曰。夫子未嘗稱七十子字。此獨字閔子者。蓋贊歎之語也。方弘靜曰。疑子曰上落一字耳。按此亦一說。○間。間厠之間。

南容三復白圭。孔安國曰。詩云。白圭之玷。尚可磨也。斯言之玷。不可爲也。南容讀詩至此。三反復之。是其心愼言也。補事見家語本註。詩大雅抑篇。○三。息暫反。又如字。孔子以其兄之子妻之。妻。七細反。

季康子問。弟子孰爲好學。孔子對曰。有顏囘者。好學。不幸短命死矣。今也則亡。未聞好學者。補釋文出康子。云。一本作季康子。鄭本同。按勘記出未聞好學者。曰。皇本高麗本今也則亡下有此五字。各本並無。

○康呼報反。

顏淵死。顏路請子之車以爲之椁。孔安國曰、顏路顏淵父也。家貧故欲請孔子之車賣以作椁。補史記弟子傳。顏無繇。字路。繆協曰。求審制義之輕重。故託請車以求聖教也。丘光庭曰。止言爲椁。是欲毀其車作椁耳。○按勘記云。皇本椁作槨。下同。高麗本無此四字。案釋文出無椁云。古廓反。不爲之椁作音。似陸氏所據本亦無此四字。

子曰。才不才亦各言其子也。鯉也死。有棺而無椁。吾不徒行以爲之椁。以吾從大夫之後。不可徒行也。孔安國曰。鯉孔子之子伯魚也。孔子時爲大夫。言從大夫之後。不可以徒行。謙辭也。補皇侃曰。徒。猶步也。杜預曰。嘗爲大夫而去。故言後。張守節曰。顏淵之卒。孔子年六十一。是時已去位。

顏淵死。子曰。噫。包氏曰。噫。痛傷之聲。天喪予。天喪予。天喪予者。若喪己也。再言之者。痛惜之甚。

顏淵死。子哭之慟。馬融曰。慟。哀過也。補鄭玄曰。變動容貌。○慟徒送反。從者曰。子慟矣。子曰。有慟乎。孔安國曰。不自知己之悲哀過。○皇本矣下有子字。與此同。從才用反。非夫人之爲慟而誰爲。補皇本高麗本爲下有慟字。○夫音符。下章夫人同。爲于僞反。

顏淵死。門人欲厚葬之。子曰。不可。禮貧富各有宜。顏淵家貧。而門人欲厚葬之。故不聽。門人厚葬之。子曰。回也視予猶父也。予不得視猶子也。非我也。夫二三子也。馬融曰。言回自有父。父意欲聽門人厚葬。我不得制止。非其厚葬。故云爾。

季路問事鬼神。子曰。未能事人。焉能事鬼。曰敢問死。曰。未知生。焉知死。陳羣曰。鬼神及死事難明。語之無益。故不答。補本註。陳羣。世說注爲馬融。○焉。於虔反。

閔子騫侍側。誾誾如也。子路行行如也。冉有子貢侃侃如也。子樂。鄭玄曰。樂各盡其性。行行。剛強之貌。○諸本閔子下無騫字。皇本與此同。唐石經有作子。誾。魚巾反。行。胡浪反。侃。苦旦反。樂。音洛。若由也不得其死然。孔安國曰。不得以壽終。補阮元曰。皇本若上有曰字。朱注載洪氏曰。漢書引此句。上有曰字。或云。上文樂字。卽曰字之誤。案漢書叙傳幽通賦云。固行行其必凶。顏師古注曰。論語稱閔子云云。子樂。曰若由也不得其死然。蓋集注漢書下脫一注字耳。又孫奕示兒編曰。子樂必當作子曰。聲之誤也。始以聲相近。而轉曰爲悅。繼又以義相近。而轉悅爲樂。知由也不得其死。則何樂之有。今攷文選幽通賦。及座右銘兩注。並引子路行行如也。子曰若由也不得其死然。與孫說正合。邢昺曰。然。猶焉也。

魯人爲長府。閔子騫曰。仍舊貫。如之何。何必改作。鄭玄曰。長府。藏名也。藏貨曰府。仍。因也。貫。事也。因舊事則可。何乃復更改作。補皇侃曰。藏錢帛曰府。藏甲兵曰庫。○貫古亂反。魯論仍爲仁。

子曰。夫人不言。言必有中。王肅曰。言必有中者。善其不欲勞民改作。○中丁仲反。

子曰。由之鼓瑟。奚爲於丘之門。馬融曰。言子路鼓瑟不合雅頌。○諸本無鼓字。皇本高麗本與此同。

門人不敬子路。子曰。由也升堂矣。

未入於室也。馬融曰。升我堂矣。未入室耳。門人不解。謂孔子言爲賤子路。故復解之。

子貢問。師與商也孰賢。子曰。師也過。商也不及。孔安國曰。言俱不得中。○挍勘記云。皇本問上有曰字。賢下有乎字。高麗本亦有乎字。曰。然則師愈與。子曰。過猶不及也。愈。猶勝也。○挍勘記云。皇本高麗本及下有也字。愈以主反。與音餘。

季氏富於周公。孔安國曰。周公。天子之宰。卿士。補吳棫曰。此章之首脫子曰二字。或疑下章子曰當在此章之首。朱熹曰。周公以王室至親有大功。位冢宰。其富宜矣。惟孝按朱熹以周公爲周公旦。最爲可從。蓋當時季氏之富。有公室三分之二。而周室微弱。恐不可爲當時周公也。且凡稱周公皆指周公旦言而求也爲之聚斂而附益之。孔安國曰。冉求爲李氏宰。爲之急賦稅。○皇本之作也。子曰非吾徒也小子鳴鼓而攻之可也。鄭玄曰。小子門人也。鳴鼓聲其罪以責之。○按勘記云。皇本無而字。案論衡順鼓篇引亦無而字。

柴也愚。弟子高柴。字子羔。愚愚直之愚。補朱熹曰。家語。執親之喪。泣血三年。未嘗見齒。避難而行。不徑不竇。史記弟子傳同。鄭玄曰。衛人。家語作子高。禮記作子皐。○柴仕佳巢諧二反。參也魯。孔安國曰。魯鈍也。曾子性遲鈍。師也辟。馬融曰。子張才過人失在邪辟文過。○按勘記云。皇本高麗本辟作僻。辟匹亦反。由也喭。鄭玄曰。子路之行。失於畔喭。補王弼云。喭。剛猛也。邢昺云。字書。吸喭。失容也。朱熹曰。喭粗俗也。傳稱喭者。謂俗論也。揚愼亦曰。諺俗論也。或作喭。見文選注。劉勰曰。諺喭唁同一字。喪言不文。故弔亦稱唁。劉子新論。子游裼裘而諺。曾子指揮而哂。是諺與喭同也。○阮元云書無逸正義。引作諺。案說文。有諺無喭。喭乃諺之俗字。喭五旦反。本註阮元云。皇本畔作吸。釋文出吸字。云本今作畔。案廣韻二十九換。吸。吸喭失容。據此則字不當作畔。

子曰。回也其庶乎。屢空。賜不受命而貨殖焉。億則屢中。言回庶幾聖道。雖數空匱。而樂在其中。賜不受教命。唯財貨是殖。億度是非。蓋美回。所以勵賜也。一曰。屢猶每也。空猶虛中也。以聖人之善道。教數子之庶幾。猶不至於知道者。各內有此害。其於庶幾每能虛中者。唯回懷道深遠。不虛心不能知道。子貢無數子之病。然亦不知道者。雖不窮理而幸中。雖非天命而偶富。亦所以不虛心也。補陸德明曰。或分爲別章。今所不用。太宰純曰。子曰二字。蓋衍文也。惟孝曰。易晉初六象曰。裕无咎。未受命也。皇侃述孔意云。雖非天命者。謂非受當時天子之命也。蓋與此同。貨殖。禮中庸篇曰。貨財殖焉。○屢力從反。殖市力反。億於力反。中丁仲反。皇本高麗本億作憶。阮元云。億憶皆意之俗字。

子張問善人之道。子曰。不踐迹。亦不入於室。孔安國曰。踐。循也。言善人不但循追舊迹而已。亦少能創業。然亦不能入於聖人之奧室。○迹子亦反。本亦作跡。阮元云。案跡。乃迹之俗字。五經文字云。迹經典或作跡。子曰。論篤是與。君子者乎。色莊者乎。論篤者。謂口無擇言。君子者。謂身無鄙行。色莊者。不惡而嚴。以遠小人。言此三者。皆可以爲善人。○與音餘。

子路問。聞斯行諸。包氏曰。賑窮救乏之事。補 太宰純曰。包咸爲賑窮救乏之事。恐未必然。子曰。有父兄在。如之何其聞斯行之。孔安國曰。當白父兄。不可得自專。○校勘記云。皇本高麗本之下有也字。案邢疏本有也字。疑今本脫。冉有問聞斯行諸。子曰。聞斯行之。公西華曰。由也問聞斯行諸。子曰。有父兄在。求也問聞斯行諸。子曰。聞斯行之。赤也惑。敢問。孔安國曰。惑其問同而答異。子曰。求也退。故進之。由也兼人。故退之。鄭玄曰。言冉有性謙退。子路務在勝尚人。各因其人之失而正之。

子畏於匡。顏淵後。孔安國曰。言與孔子相失。故在後。子曰。吾以汝爲死矣。曰。子在。回何敢死。包氏曰。言夫子在。己無所敢死。

季子然問。仲由冉求可謂大臣與。孔安國曰。季子然。季氏子弟。自多得臣此二子。故問之。○與音餘。下同。子曰。吾以子爲異之問。曾由與求之問。孔安國曰。謂子問異事耳。則此二人之問。安足爲大乎。所謂大臣者以道事君不可則止今由與求也可謂具臣矣孔安國曰。言備臣數而已。曰然則從之者與孔安國曰。問爲臣皆當從君所欲邪。子曰弑父與君亦不從也孔安國曰。二子雖從其主。亦不與爲大逆。○弑音試。

子路使子羔爲費宰子曰賊夫人之子包氏曰。子羔學未熟習。而使爲政。所以賊害。補皇侃曰。夫人之子。指子羔也。○費悲位反。夫音符。本註。皇本害下有人也二字。子路曰有民人焉有社稷焉何必讀書然後爲學。孔安國曰。言治民事神。於是而習之。亦學也。子曰是故惡夫佞者孔安國曰。疾其以口給應遂己非而不知窮。○惡烏路反。

子路曾晳孔安國曰。曾晳曾參父。名點也。冉有公西華侍坐。子曰。以吾一日長乎爾。毋吾以也。孔安國曰。言我問汝。汝無以我長故難對。居則曰不吾知也。孔安國曰。汝常居云人不知己。如或知爾則何以哉。孔安國曰。如有用汝者。則何以爲治乎。子路率爾而對曰。率爾。先三人對。千乘之國攝乎大國之間。加之以師旅。因之以饑饉。包氏曰。攝迫也。迫於大國之間。補饑鄭本作飢。阮元云。按飢乃飢餓字。當作饑。○饑音機。饉其靳反。由也爲之比及三年可使有勇且知方也。方義方。補鄭玄曰。方禮法也。○比必利反。下同。夫子哂之。馬融曰。哂笑也。○哂詩忍反。求爾何如。對曰。方六七十。如五六十。求性謙退。言欲得方六七十。如五六十里。小國治之而已。求也爲之。比及三年。可使足民。如其禮樂。以俟君子。孔安國曰。求自云能足民而已。謂衣食足也。若禮樂之化。當以待君子。謙也。赤爾何如。對曰。非曰能之。願學焉。宗廟之事。如會同。端章甫。願爲小相焉。鄭玄曰。我非自言能。願學爲之。宗廟之事。謂祭祀也。諸侯時見曰會。殷見曰同。端。玄端也。衣玄端。冠章甫。諸侯日視朝之服。小相。謂相君之禮者。點爾何如。鼓瑟希。孔安國曰。思所以對。故音希也。鏗爾。舍瑟而作。對曰。異乎三子者之撰。孔安國曰。置瑟起對。撰。具也。爲政之具。鏗爾者。投瑟之聲。【補】阮元曰。玉篇手部。摼下引論語。摼爾捨瑟而作。云與鏗同。○鏗苦耕反。舍音捨。撰士免反。鄭作僎。讀曰詮。詮之言善也。子曰。何傷乎。亦各言其志也。孔安國曰。各言己志。於義無傷。補邢昺曰。孔子見曾皙持謙難其對。故以此言誘之。曰。暮春者。春服既成。冠者五六人。童子六七人。浴乎沂。風乎舞雩。詠而歸。包氏曰。暮春者。季春三月也。春服既成。衣單袷之時。我欲得冠者五六人。童子六七人。浴乎沂水之上。風涼於舞雩之下。歌詠先王之道。而歸夫子之門。補王充曰。魯設雩祭於沂水之上。時之事。冠者童子。樂人也。浴。涉也。風。歌也。詠而饋。詠歌饋祭也。丹鉛錄。亦與論衡同。云。王充之說。古必有授。王弼云。沂水近孔子宅。舞雩壇在其上。壇有樹木。遊者託焉也。惟孝按此亦一說。○阮元曰。釋文出而歸云。如字。鄭本作饋。饋。酒食也。魯讀饋爲歸。今從古。案論衡明雩篇。作詠而饋。與古論合。○冠古亂反。浴音欲。沂魚依反。雩音于。夫子喟然歎曰。吾與點也。

周生烈曰。善點獨知時。○喟起愧反。又苦怪反。三子者出曾晳後曾晳曰

夫三子者之言何如子曰亦各言其志也已矣曰

夫子何哂由也子曰爲國以禮其言不讓是故哂之

包氏曰。爲國以禮。禮貴讓。子路言不讓。故笑之。○皇本夫作吾。曰上有子字。夫音符。

唯求則非邦也與安見方六七十如五六十而非邦也者唯赤則非邦也與宗廟會同非諸侯如之何

孔安國曰。明皆諸侯之事。與子路同。徒笑子路不讓。○校勘記云。皇本高麗本作宗廟之事如會同非諸侯如之何。釋文出宗廟會同云。本或作宗廟之事如會同。又出非諸侯而何云。一本作非諸侯如之何。與音餘。

赤也爲之小孰能爲之大

孔安國曰。赤謙言小相耳。孰能爲大

相。○皇本高麗本小下大下並有相字。

顏淵第十二 凡二十四章

顏淵問仁。子曰。克己復禮爲仁。馬融曰。克己約身。孔安國曰。復反也。身能反禮則爲仁矣。補楊雄曰。勝己之私之謂克。惟孝按昭公十二年左傳。仲尼曰。古也有志。克己復禮仁也。杜注云。克勝也。又襄公二十九年左傳曰。克己服義。家語正論解又有此四字。王肅亦訓勝。范甯云。克責也。○

一日克己復禮。天下歸仁焉。皇本克作尅。下同。馬融曰。一日猶見歸。況終身乎。爲仁由己。而由人乎哉。孔安國曰。行善在己。不在人。

顏淵曰。請問其目。包氏曰。知其必有條目。故請問之。子曰。非禮勿視。非禮勿聽。非禮勿言。非禮勿動。鄭玄曰。此四者。克己復禮之目。顏淵曰。回雖不敏。請事斯語矣。王肅曰。敬事此語。必行之。

仲弓問仁。子曰。出門如見大賓。使民如承大祭。孔安國曰。爲仁之道。莫尚乎敬也。[補]邢昺云。大賓。公侯之賓也。皇侃曰。大祭。祭郊廟也。己所不欲。勿施於人。在邦無怨。在家無怨。包氏曰。在邦爲諸侯。在家爲卿大夫。仲弓曰。雍雖不敏。請事斯語矣。

司馬牛問仁。子曰。仁者其言也訒。孔安國曰。訒難也。牛宋人也。弟子司馬犂。[補]史記弟子傳云。司馬耕。字子牛。多言而躁。朱熹曰。司馬牛。孔子弟子。名犂。向離之弟。王弼曰。思濮則言訒也。朱熹曰。訒。忍也。陸德明曰。鄭云。不忍言也。字或作仞。◯訒音刃。曰其言也訒。斯可謂之仁已乎。子曰。爲之難。言之得無訒乎。

乎。孔安國曰。行仁難。言仁亦不得不難。○皇本高麗本作斯可謂之仁已矣乎。朱子集注本作矣乎。

司馬牛問君子。子曰。君子不憂不懼。孔安國曰。牛兄桓魋將爲亂。牛自宋來學。常憂懼。故孔子解之。曰。不憂不懼。斯可謂之君子已乎。子曰。內省不疚。夫何憂何懼。包氏曰。疚。病也。內省無罪惡。無可憂懼。○皇本高麗本作可謂君子已乎。朱子集注本作矣乎。○疚久又反。夫音扶。

司馬牛憂曰。人皆有兄弟。我獨亾。鄭玄曰。牛兄桓魋行惡。死亾無日。我獨爲無兄弟。子夏曰。商聞之矣。死生有命。富貴在天。君子敬而無失。與人恭而有禮。四海之內皆爲兄弟也。君子何患乎無兄弟也。包氏曰。君子疏惡而友賢。九州之人。皆可以禮親。○按勘記云。皇本高麗本皆下有爲字。案鹽鐵論和親章及文選蘇子卿古詩註並引此文。皆有爲字。

子張問明。子曰。浸潤之譖。膚受之愬。不行焉。可謂明也已矣。鄭玄曰。譖人之言。如水之浸潤。漸以成之。馬融曰。膚受之愬。皮膚外語。非其內實。補皇侃曰。膚皮上之薄縐也。又曰。如人皮膚之受塵垢。當時不覺。久久方覩不淨。又曰。馬此說與鄭不類也。○浸子鴆反。譖側鴆反。膚方于反。愬蘇路反。浸潤之譖。膚受之愬。不行焉。可謂遠也已矣。馬融曰。無此二者。非但爲明。其德行高遠。人莫能及。

子貢問政。子曰。足食。足兵。使民信之矣。子貢曰。必不得已而去於斯三者何先曰去兵曰必不得已而去於斯二者何先曰去食自古皆有死民不信不立孔安國曰。死者古今常道。人皆有之。治邦不可失信。補皇侃曰。未有一國無信。而國安立者。○皇本民上有令字。高麗本令作使。與此同。皇本無子貢二字。諸本不作無。皇本與此同。去起呂反。下同。

棘子城曰。君子質而已矣。何以文爲。鄭玄曰。舊說云。棘子城。衛大夫。補皇侃曰。呼子城爲夫子也。○按勘記云。皇本高麗本成作城。○按漢書古今人表。三國志秦宓傳作革子成。高麗本文爲作爲文。○棘紀力反。子貢曰。惜乎夫子之說君子也。駟不及舌。鄭玄曰。惜乎夫子之說君子也。過言一出。駟馬追之不及。文猶質也。質猶文也。虎豹之鞟。猶犬羊之鞟。孔安國曰。皮去毛曰鞟。虎豹與犬羊別者。正以毛文異耳。今使文質同者。何以別虎豹與犬羊邪。補朱熹曰。文質等耳。不可相無。○別彼列反。

哀公問於有若曰。年饑用不足。如之何。有若對曰。盍徹乎。鄭玄曰。盍者。何不也。周法。什一而稅。謂之徹。徹通也。爲天下通法。補宣公十五年初稅畝。傳曰。非禮也。杜預云。公田之法。十取其一。今又履其餘畝。復十收其一。故哀公曰。二吾猶不足。○饑居其反。盍胡臘反。徹直列反。稅舒鋭反。曰。二吾猶不足。如之何其徹也。孔安國曰。二。謂什二而稅。對曰。百姓足。君孰與不足。百姓不足。君孰與足。孔安國曰。孰誰也。

子張問崇德辨惑。包氏曰。辨。別也。○惑本亦作或。本註。包本作孔曰。皇本與同。

子曰。主忠信。徙義。崇德也。包氏曰。徙義。見義則徙意而從之。○皇本無也字。

愛之欲其生。惡之欲其死。既欲其生。又欲其死。是惑也。包氏曰。愛惡當有常。一欲生之。一欲死之。是心惑也。○皇本高麗本生下死下並有也字。○惡烏路反。

誠不以富。亦祇以異。鄭玄曰。此詩小雅也。祇。適也。言此行誠不可以致富。適足為異耳。取此詩之異義以非之。補程頤曰。此錯簡。當在第十六篇齊景公有馬千駟之上。因此下文有齊景公字而誤也。○按勘記云。十行本閩本北監本毛本祇誤祇。唐石經作祇。按五經文字廣韻亦作祇。○祇音支。行下孟反。

齊景公問政於孔子。孔子對曰。君君。臣臣。父父。子子孔安國曰。當此時。陳恆制齊。君不君。臣不臣。父不父。子不子。故以此對。補景公名杵臼。公曰善哉信如君不君臣不臣父不父子不子雖有粟吾得而食諸孔安國曰。言將危也。陳氏果滅齊。補校勘記云。皇本高麗本吾下有豈字。釋文出吾焉得而食諸云。本亦作焉得而食諸。焉於虔反。本今作吾得而食諸。案史記仲尼世家。及漢書武五子傳並作豈。與皇本合。太平御覽二十二。引吾惡得而食諸。豈焉惡三字。義皆相近。今本吾下有脫字。

子曰片言可以折獄者其由也與孔安國曰。片猶偏也。聽訟必須兩辭以定是非。偏信一言以折獄者。唯子路可也。補鄭玄曰。片半也。皇疏。一說曰。子路性直。情無所隱者。若聽子路之辭。證之則一辭亦足也。又引孫綽云。謂子路心高而言信。未嘗文過以自衞。聽訟者便安以子路單辭爲正。不待對驗而後分明也。魯讀折爲制。今從古。阮元云。案古多假折爲制。○片如字。折之舌反。與音餘。

子路無宿諾。

宿猶豫也。子路篤信。恐臨時多故。故不豫諾。補釋文云。或分此爲別章。

子曰。聽訟吾猶人也。

包氏曰。言與人等。

必也使無訟乎。

王肅曰。化之在前。

子張問政。子曰。居之無倦。行之以忠。

王肅曰。言爲政之道。居之於身。無得懈倦。行之於民。必以忠信。補蔡清曰。二之字。皆指政言。太宰純曰。居之者。身處其職位也。

子曰。君子博學於文。約之以禮。亦可以弗畔矣夫。

鄭玄曰。弗畔。不違道。補邢昺曰。此章及註。與雍也篇同。當是弟子各記所聞。故重載之。○諸本無君子二字。皇本與此同。說見雍也篇。

子曰。君子成人之美。不成人之惡。小人反是。

季康子問政於孔子。孔子對曰。政者正也。子帥而正。孰敢不正。○鄭玄曰。季康子魯上卿。諸臣之帥也。帥所類反。又所律反。字從巾同。訓並與率同。皇本高麗本以作而。與此同。

季康子患盜。問於孔子。孔子對曰。苟子之不欲。雖賞之不竊。孔安國曰。欲多情欲。言民化於上。不從其令。從其所好。

季康子問政於孔子曰。如殺無道。以就有道。何如。孔安國曰。就成也。欲多殺以止姦。補太宰純曰。就去就之就。學而篇云。就有道而正焉。

孔子

對曰。子爲政。焉用殺。子欲善而民善矣。君子之德風。小人之德艸。艸尚之風。必偃。孔安國曰。亦欲令康子先自正。偃。仆也。加艸以風。無不仆者。猶民之化於上。○尚本或作上。阮元云。尚上古字通。

子張問。士何如斯可謂之達矣。子曰。何哉。爾所謂達者。子張對曰。在邦必聞。在家必聞。鄭玄曰。言士之所在。皆能有名譽。 子曰。是聞也。非達也。夫達也者。質直而好義。察言而觀色。慮以下人。馬融曰。常有謙退之志。察言語。見顏色。知其所欲。其志慮常欲以下人。○夫音符。下同。好呼報反。下遐嫁反。 在邦必達。在家必達。馬融曰。謙尊而光。卑而不可踰。 夫聞也者。色取仁而行違。居之不疑。馬融曰。此言佞人。佞人假仁者之色。行之則違。安居其僞而不自疑。在國必聞。在家必聞。馬融曰。佞人黨多。

樊遲從遊於舞雩之下。包氏曰。舞雩之處。有壇墠樹木。故其下可遊焉。補本註。邢昺曰。封土爲壇。除地爲墠。○從。才用反。曰敢問崇德脩慝辨惑。孔安國曰。慝。惡也。脩。治也。治惡爲善。○慝。吐得反。子曰善哉問。先事後得。非崇德與。孔安國曰。先勞於事。然後得報。○與。與音餘。攻其惡無攻人之惡。非脩慝與。一朝之忿忘其身以及其親。非惑與。

樊遲問仁。子曰愛人。問知。子曰知人。樊遲未達。子曰擧直錯諸枉。能使枉者直。包氏曰。擧正直之人用之。廢置邪枉之人。

則皆化爲直。補說見爲政篇。○知音智。下同。錯或作措。同。七故反。下同。枉紆往反。

樊遲退見子夏曰鄉也吾見於夫子而問知子曰舉直錯諸枉能使枉者直何謂也子夏曰富哉是言乎

孔安國曰。富猶盛也。○鄉許亮反。又作嚮。同。見賢遍反。皇本高麗本鄉作嚮。阮元云。按嚮俗字。鄉正字。鄉假借字。皇本高麗本言上有是字。與此同。

舜有天下選於衆舉臯陶不仁者遠矣湯有天下選於衆舉伊尹不仁者遠矣

孔安國曰。言舜湯有天下。選擇於衆。舉臯陶伊尹。則不仁者遠矣。仁者至矣。○選息戀反。又息轉反。下同。陶音遙。遠如字。又于萬反。下同。

子貢問友子曰忠告而善道之不可則止無自辱

焉。包氏曰。忠告。以是非告之。以善道道之。不見從則止。必言之。或見辱。補校勘記云。皇本高麗本作忠告而以善導之。釋文出善道。云。導也。案包注本作以善道之。文義較明順。○告古毒反。皇本高麗本不可作否。無作無。毋。釋文作毋。云音無。

曾子曰。君子以文會友。孔安國曰。友以文德合。以友輔仁。孔安國曰。友有相切磋之道。所以輔成己之仁。

論語卷六　畢

論語卷七

何晏集解
山本惟孝補解

子路第十三 凡三十章

子路問政。子曰。先之勞之。孔安國曰。先導之以德。使民信之。然後勞之。易曰。說以使民。民忘其勞。〔補〕蘓軾曰。凡民之行。以身先之。則不令而行。凡民之事。以身勞之。則雖勤不怨。○勞如字。請益。曰。無倦。孔安國曰。子路嫌其少。故請益。曰無倦者。行此上事無倦則可。○釋文出曰毋倦云。本今作無。

仲弓爲季氏宰。問政。子曰。先有司。王肅曰。言爲政當先任有司。而後責其事。赦小過。舉賢才。曰。焉知賢才而舉之。曰。舉爾所知。爾所不知。人其舍諸。孔安國曰。汝所不知者。人將自舉之。各舉其所知。則賢才無遺。○焉於虔反。舍如字。置也。

子路曰。衛君待子而爲政。子將奚先。包氏曰。問往將何所先行。

〔補〕朱熹曰。衛君。謂出公輒也。是時魯哀公之十年。孔子自楚反乎衛。邢昺曰。奚何也。子曰。必也正名乎。馬融曰。正百事之名。〔補〕朱熹曰。是時出公不父其父。而禰其祖。名實紊矣。故孔子以正名爲先。

子路曰。有是哉子之迂也。奚其正。包氏曰。迂猶遠也。言孔子之言遠於事。○迂音于。挍勘記云。釋文出之迂云。鄭本作于。案迂于古字通。禮記文王世子云。況于其身。以善其君乎。鄭君註于讀爲迂。

子曰。野哉由也。孔安國曰。野。猶不達。

君子於其所不知。蓋闕如也。包氏曰。君子於其所不知。當闕而勿據。今由不知正名之義。而謂之迂遠。

名不正。則言不順。言不順。則事不

成事不成。成則禮樂不興。禮樂不興則刑罰不中。孔安國曰。禮以安上。樂以移風。二者不行。則有淫刑濫罰。○中丁仲反。下同。濫力暫反。本註。皇本作苞氏曰。刑罰不中。則民無所措手足。故君子名之必可言也。言之必可行也。王肅曰。所名之事。必可得而明言。所言之事。必可得而遵行。○錯七故反。本又作措。君子於其言無所苟而已矣。

樊遲請學稼。子曰。吾不如老農。請學爲圃。子曰。吾不如老圃。馬融曰。樹五穀曰稼。樹菜蔬曰圃。【補】邢昺云。五穀者。黍稷麻麥豆也。○稼音嫁。圃布古反。又音布。樊遲出。子曰。小人哉樊須也。上好禮則民莫敢不敬。上好義則民莫敢不服。上好信則民莫敢不用情。孔安國曰。情。情實也。言民化其上。各以實應。○好呼報反。下同。夫如是則四方之民襁負其子而至矣。焉用稼。包氏曰。禮義與信足以成德。何用學稼教民乎。負者以器曰襁。〔補〕張華曰。繈。織縷爲之。以約小兒於背。皇侃曰。襁者以竹爲之。或云。以布爲之。○夫音符。繈居丈反。又作襁。同。挍勘記云。案史記弟子傳集解引包注作負子之器曰襁。

子曰。誦詩三百。授之以政不達。使於四方不能專對。雖多亦奚以爲。專。猶獨也。〔補〕皇侃曰。背文而念曰誦。亦曰。口讀曰誦。○使所吏反。高麗本爲下有哉字。

子曰。其身正不令而行。其身不正雖令不從。令。教令也。

子曰魯衛之政兄弟也包氏曰魯周公之封衛康叔之封周公康叔既爲兄弟康叔睦於周公其國之政亦如兄弟○皇本無也字

子謂衛公子荊善居室王肅曰荊與蘧瑗史鰌竝爲君子補皇侃曰居其家能治○蘧其居反瑗于眷反鰌音秋始有曰苟合矣少有曰苟完矣富有曰苟美矣補皇侃曰苟苟且也苟且非本意也○完音桓

子適衛冉有僕孔安國曰孔子之衛冉有御○挍勘記云皇本有作子案風俗通義十反卷及論衡問孔篇竝引作子又春秋繁露仁義法篇亦稱冉子與皇本合子曰庶矣哉孔安國曰庶衆也言衛人衆多冉有曰既庶矣又何加焉曰富之曰既富矣又何加焉曰教之

子曰。苟有用我者。期月而已可也。三年有成。孔安國曰。言誠有用我於政事者。期月可以行其政教。必三年乃有成功。補朱熹曰。按史記。此蓋爲衛靈公不能用而發。○期音基。

子曰。善人爲邦百年。亦可以勝殘去殺矣。王肅曰。勝殘。勝殘暴之人。使不爲惡也。去殺。不用刑殺也。○勝音升。誠哉是言也。孔安國曰。古有此言。故孔子信之。

子曰。如有王者。必世而後仁。孔安國曰。三十年曰世。如有受命王者。必三十年仁政乃成。○王于況反。又如字。

子曰。苟正其身矣。於從政乎何有。不能正其身。如正人何。補皇侃曰。苟。誠也。

冉子退朝。周生烈曰。謂罷朝於魯君。補鄭玄曰。季氏之朝。朱熹同。皇侃曰。冉子爾時仕季氏。且上朝於魯君。當是季氏。冉有從之朝魯君也。少儀云。朝廷曰退。○朝直遙反。子曰何晏也。對曰有政。馬融曰。政者。有所改更匡正。○晏於諫反。子曰其事也。馬融曰。事者。凡行常事。補杜預曰。在君爲政。在臣爲事。欒肇曰。蓋微言以譏季氏專政。○凡行常事。皇本行上有所字。如有政。雖不吾以。吾其與聞之。馬融曰。如有政非常之事。我爲大夫。雖不任用。必當與聞之。○與音預。

定公問。一言而可以興邦。有諸。孔子對曰。言不可以若是其幾也。王肅曰。以其大要一言不能正興國。幾。近也。有近一言可興國。補朱熹曰。幾。期也。詩曰。如幾如式。人之言曰。爲君難。爲臣不易。如知爲君之難也。不幾乎一言而興邦乎。孔安國曰。事不可以一言而成。知如此則可近也。○易以豉反。曰。一言而可喪邦。有諸。孔子對曰。言不可以若是其幾也。人之言曰。予無樂乎爲君。唯其言而莫予違也。孔安國曰。言無樂於爲君。所樂者。唯樂其言而不見違。○喪息浪反。樂音洛。一言而喪邦皇本而下有可以二字。高麗本亦有可字。莫上皇本高麗本有樂字。如其善而莫之違也。不亦善乎。如不善而莫之違也。不幾乎一言而喪邦乎。孔安國曰。人君所言。善。無違之者則善也。其所言不善。而無敢違之者。則近一言而喪國。

葉公問政。子曰。近者說。遠者來。補邢昺曰。楚葉縣。禮學記云。近者說服。而遠者懷之。大戴禮少問篇。稱武丁之德曰。近者說。遠者至。孔子家語辨政篇。葉公問政於夫子。夫子曰。政在悅近而來遠云云。荊之地廣而都狹。民有離心。莫安其居。故曰政在悅近而來遠。皇侃曰。言爲政之道。若能使近民懽悅。則遠人來至也。朱熹曰。被其澤則說。聞其風則來。○葉舒涉反。本今作葉。說音悅。

子夏爲莒父宰。問政。鄭玄曰。舊說云。莒父。魯下邑。○莒居呂反。父音甫。子曰。無欲速。無見小利。欲速則不達。見小利則大事不成。孔安國曰。事不可以速成。而欲其速。則不達矣。見小利。妨大事。則大事不成。○無欲釋文作毋欲。音無。挍勘記云。高麗本作毋。無見皇本無作毋。

葉公語孔子曰。吾黨有直躬者。孔安國曰。直躬。直身而行。○語魚據反。躬釋文云。鄭本作弓。直人名弓。其父攘羊。而子證之。周生烈曰。有因而盜曰攘。補阮元曰。案呂氏春秋當務篇引孔子曰異哉直躬之爲信也。淮南子氾論訓。直躬其父攘羊而子證之。高誘註直躬楚葉縣人也。蓋字雖作躬。亦俱不解爲直身。皇侃云。謂他人物來己家。而藏隱取之謂之攘也。○攘如羊反。孔子曰。吾黨之直者。異於是。父爲子隱。子爲父隱。直在其中矣。爲于僞反。下同。

樊遲問仁。子曰。居處恭。執事敬。與人忠。雖之夷狄。不可棄也。包氏曰。雖之夷狄無禮義之處。猶不可棄去而不行。

子貢問曰。何如斯可謂之士矣。子曰。行己有恥。孔安國曰。有恥。有所不爲。使於四方。不辱君命。可謂士矣。曰敢問其次。曰宗族稱孝焉。鄉黨稱悌焉。曰敢問其次。曰言必信。行必果。硜硜然小人哉。抑亦可以爲次矣。鄭玄曰。行必果。所欲行。必敢爲之。硜硜者。小人之貌也。抑亦其次。言可以爲次。補皇侃曰。硜硜。堅正難移之貌。○使所吏反。悌釋文作弟。大計反。行下孟反。硜苦耕反。曰今之從政者何如。子曰。噫斗筲之人。何足算也。鄭玄曰。噫。心不平之聲。筲。竹器。容斗二升。算數也。○噫於其反。筲所交反。算悉亂反。本或作筭。按勘記云。不當作筭字。漢書公孫賀傳贊。及鹽鐵論大論。竝引作選。乃算之假借字。

子曰。不得中行而與之。必也狂狷乎。包氏曰。中行。行能得其中。

者。言不得中行。則欲得狂狷者。【補】狂狷之義。詳見孟子盡心篇。○狷音絹。**狂者進取。狷者有所不爲也。**包氏曰。狂者進取於善道。狷者守節無爲。欲得此二人者。以時多進退。取其恆一。

子曰。南人有言曰。人而無恆。不可以作巫醫。孔安國曰。南人。南國之人。鄭玄曰。言巫醫不能治無常之人。【補】皇侃曰。巫接事鬼神者。醫能治人病者。禮記緇衣篇云。子曰。南人有言曰。人而無恆。不可以爲卜筮。古之遺言與。龜筮猶不能知。而況於人乎。楊愼曰。蓋因下文易語而考之禮記。似爲勝也。卜筮巫醫。其字體音弁相似。恐論語之文訛也。○醫釋文作毉。於其反。

夫音符

善夫。包氏曰。善南人之言也。**不恆其德。或承之羞。**孔安國曰。此易恆卦之辭。言德無常。則羞辱承之。**子曰。不占而已矣。**鄭玄曰。易所以占吉凶。無恆之人。易所不占。【補】惟孝云。是恐言不占而凶可知也。

子曰。君子和而不同。小人同而不和。君子心和。然其所見各異。故曰不同。小人所嗜好者同。然各爭其利。故曰不和。【補】左氏傳。齊景公問晏子以和同之義。晏子答以水火醯醢鹽梅。以烹魚肉譬和。以以水濟水譬同。其說甚盡。

子貢問曰。鄉人皆好之何如。子曰。未可也。鄉人皆惡之何如。子曰。未可也。不如鄉人之善者好之。其不善者惡之。孔安國曰。善人善己。惡人惡己。是善善明。惡惡著。○好呼報反。惡烏路反。下同。

子曰。君子易事而難說也。孔安國曰。不責備於一人。故易事也。○易以豉反。下同。說音悅。下同。說之不以道不說也。及其使人也器之。孔安國曰。度才而任官。小人難事而易說也。說之雖不以道說也。及其使人也求備焉。

子曰。君子泰而不驕。小人驕而不泰。君子自縱泰似驕而不驕。小人拘忌而實自驕矜。

子曰。剛毅木訥近仁。王肅曰。剛無欲。毅果敢。木質樸。訥遲鈍。有此四者。近於仁。

補太宰純曰。剛不橈也。荻生茂卿曰。剛毅木訥。蓋古之成言。○毅魚既反。訥奴忽反。

子路問曰。何如斯可謂之士矣。子曰。切切偲偲怡怡如也。可謂士矣。朋友切切偲偲。兄弟怡怡。馬融曰。切切偲。相切責之貌。怡怡。和順之貌。〇偲音絲。本又作愢。怡以之反。校勘記云。皇本高麗本怡怡下有如也二字。案文選曹植求通親親表註引兄弟怡怡如也。又初學記十七。藝文類聚二十一。太平御覽四百十六引此文。竝有如也二字。與皇本合。

子曰。善人教民七年。亦可以即戎矣。包氏曰。即戎。就兵。可以攻戰。〇註。諸本作即就也戎兵也。皇本與此同。

子曰。以不教民戰。是謂棄之。馬融曰。言用不習民。使之攻戰。必破敗。是謂棄之。

憲問第十四 凡四十四章

憲問恥。子曰。邦有道穀。孔安國曰。穀。祿也。邦有道。當食其祿。補 皇侃曰。弟子原憲邦無道穀恥也孔安國曰君無道而在其朝食其祿是恥辱○朝直遙反克伐怨欲不行焉可以爲仁矣馬融曰克好勝人伐自伐其功怨忌小怨欲貪欲也[補]皇侃曰原憲又問○好呼報反子曰可以爲難矣仁則吾不知也包氏曰四者行之難者未足以爲仁

子曰士而懷居不足以爲士矣士當志道不求安而懷其居非士也

子曰邦有道危言危行包氏曰危厲也邦有道可以厲言行○行下孟反下同邦無道危行言遜遜順也厲行不隨俗順言以遠害○遜釋文作孫音遜

子曰有德者必有言德不可以億中故必有言有言者不必有德仁者必有勇勇者不必有仁

南宮适孔安國曰。适。南宮敬叔。魯大夫。【補】朱熹曰。即南容。○适。古活反。本又作括。問於孔子曰。羿善射。奡盪舟。孔安國曰。羿。有窮之君。篡夏后相之位。其臣寒浞殺之。因其室而生奡。奡多力。能陸地行舟。爲夏后少康所殺。【補】顧炎武據楚辭竹書紀年。盪舟爲覆舟義。○羿音詣。奡五報反。盪土浪反。左傳奡作澆。俱不得其死然。孔安國曰。此二子者皆不得以壽終。禹稷躬稼而有天下。夫子不答。馬融曰。禹盡力於溝洫。稷播殖百穀。故曰躬稼。禹及其身。稷及後世。皆王。适意欲以禹稷比孔子。孔子謙。故不答也。南宮适出。子曰。君子哉若人。尚德哉若人。孔安國曰。賤不義而貴有德。故曰君子也。

子曰。君子而不仁者有矣夫。未有小人而仁者也。

孔安國曰。雖曰君子。猶未能備。○夫音符。

子曰。愛之能勿勞乎。忠焉能勿誨乎。孔安國曰。言人有所愛。必欲勞來之。有所忠。必欲教誨之。補 太宰純曰。勞。勤勞也。○勞力報反。

子曰。爲命。裨諶艸創之。孔安國曰。裨諶。鄭大夫名也。謀於野則獲。謀於國則否。鄭國將有諸侯之事。則使乘車以適野而謀作盟會之辭。補 皇侃曰。命。謂鄭國之事也。作盟會之書也。惟孝云。安國之注。用襄公三十一年左氏傳之語。○裨婢之反。諶時針反。創初向反。制也。依說文。此是創瘢字。創制之字。當作刱。世叔討論之。行人子羽修飾之。東里子產潤色之。馬融曰。世叔。鄭大夫游吉也。討治也。裨諶既造謀。世叔復治而論之。詳而審之。行人掌使之官。子羽。公孫揮。子產居東里。因以爲號。更此四賢而成。故鮮有敗事。補世叔。即子叔。左氏傳曰。美秀而文。公孫僑。字子產。

或問子產。子曰。惠人也。孔安國曰。惠愛也。子產古之遺愛。補皇侃曰。子產卒。仲尼聞之出涕曰。古之遺愛也。問子西。曰。彼哉彼哉。馬融曰。子西。鄭大夫。彼哉彼哉。言無足稱。或曰。楚令尹子西。補朱熹曰。子西。楚公子申。能遜楚國。立昭王而改紀其政。亦彼哉彼哉者。又見公羊傳等。邢昺曰。鄭大夫者。公孫夏也。令尹者。公子申也。問管仲。曰。人也。猶詩言所謂伊人。奪伯氏駢邑三百。飯疏食。沒齒無怨言。孔安國曰。伯氏。齊大夫。駢邑地名。齒年也。伯氏食邑三百家。管仲奪之。使至疏食。而沒齒無怨言。以當其理故也。補皇侃曰。伯氏名偃。駢邑者。伯氏所食采邑也。○駢薄田反。又薄亭反。飯扶晚反。疏釋文皇本作蔬。所居反。食如字。又音嗣。

子曰。貧而無怨難。富而無驕易。王肅曰。貧者善怨。富者善驕。二者之中。貧者人難使不怨也。補此注文皇本無之。○難乃且反。易以豉反。

子曰。孟公綽爲趙魏老則優。不可以爲滕薛大夫。孔安國曰。公綽。魯大夫。趙魏皆晉卿。家臣稱老。公綽性寡欲。趙魏貪賢。家老無職。故優。滕薛小國。大夫職煩。故不可爲。補皇侃曰。優。猶寬緩。有餘裕也。○綽昌略反。本又作繛。滕徒登反。薛息列反。

子路問成人。子曰。若臧武仲之智。馬融曰。魯大夫臧孫紇。○知音智。公綽之不欲。馬融曰。孟公綽。卞莊子之勇。周生烈曰。卞邑大夫。補陸德明曰。鄭云。秦大夫。冉求之藝。文之以禮樂。孔安國曰。加之以禮樂文成。補皇侃曰。備有上四人之才智。又須加禮樂以文飾之也。朱注意同。伊藤維楨曰。舊注以謂兼四子之長。非。亦可以爲成人矣。曰。今之成人者何必然。見利思義。馬融曰。義然後取。不苟得也。見危授命。久要不忘平生之言。亦可以爲成人矣。孔安國曰。久要舊約也。平生。猶少時。補皇侃曰。若見其君之危。則當授命。竭身不苟免也。曲禮云。臨財無苟得。臨難無苟免。是也。朱熹云。平生。猶平日。

子問公叔文子於公明賈曰。信乎夫子不言不笑不取乎。孔安國曰。公叔文子。衛大夫公孫拔。文謚。補朱熹云。公明賈。衛人。皇侃曰。呼公叔文子爲夫子。○拔皮八反。古訓外傳曰。釋文拔皮八反。純案。注疏朱注諸本拔誤作枝葉之枝。公明賈對曰。以告者過也。夫子時然後言。人不厭其言。樂然後笑。人不厭其笑。義然後取。人不厭其取。

子曰。其然。豈其然乎。馬融曰。美其得道。嫌其不能悉然。○厭於豔反。下同。樂音洛。

子曰。臧武仲以防求爲後於魯。雖曰不要君。吾不信也。孔安國曰。防武仲故邑也。爲後立後也。魯襄公二十三年。武仲爲孟氏所譖。出奔邾。自邾如防。使爲以大蔡納請。曰。紇非敢害也。知不足也。非敢私請。苟守先祀。無廢二勳。敢不避邑。乃立臧爲。紇致防而奔齊。此所謂要君也。【補】孔注事見春秋傳。安國舉略二勳。文仲宣叔。○防音房。要一遙反。

子曰。晉文公譎而不正。鄭玄曰。譎者詐也。謂召天子。而使諸侯朝之。仲尼曰。以臣召君。不可以訓。故書曰。天王狩于河陽。是譎而不正也。【補】皇侃曰。文公。獻公子重耳也。○譎古穴反。

齊桓公正而不譎。馬融曰。伐楚以公義。責包茅之貢不入。問昭王南征不還。是正而不譎。補桓公名小白。○漢書鄒陽傳作齊桓公法而不譎。

子路曰。桓公殺公子糾。召忽死之。管仲不死。曰未仁乎。孔安國曰。齊襄公立無常。鮑叔牙曰。君使民慢。亂將作矣。奉公子小白出奔莒。襄公從弟公孫無知弑襄公。管夷吾召忽奉公子糾出奔魯。齊人殺無知。魯伐齊納子糾。小白自莒先入。是爲桓公。乃殺子糾。召忽死之。補公子糾。桓公庶兄。桓公使魯殺之。孔注所云。詳春秋傳。○糾居黝反。召音邵。

子曰。桓公九合諸侯。不以兵車。管仲之力也。如其仁。如其仁。孔安國曰。誰如管仲之仁。補襄公十一年。左傳曰。晉侯賜魏絳曰。八年之中九合諸侯。亦是也。國語齊語云。兵車之屬六。乘車之會三。史記齊世家曰。寡人兵車之會三。乘車之會六。九合諸侯。一匡天下。皇疏引穀梁傳云。衣裳之會十一。范甯注云。十三年會北杏。十四年會鄄。十五年又會鄄。十六年會幽。二十七年又會幽。僖元年會檉。二年會貫。三年會陽穀。五年會首戴。七年會甯母。九年會葵丘。凡十一會。又非十一會。鄭不取北杏及陽穀爲九會。丹鉛錄引古書徵之曰。古人言數之多止于九。

子貢曰。管仲非仁者與。桓公殺公子糾。不能死。又相之。子曰。管仲相桓公。霸諸侯。一匡天下。馬融曰。匡。正也。天子微弱。桓公帥諸侯以尊周室。一正天下。補白虎通曰。霸者。伯也。行方伯之職。杜預曰。伯者。長也。○與音餘。相息亮反。民到于今受其賜。受其賜者。謂不被髮左衽之患。微管仲。吾其被髮左衽矣。馬融曰。微。無也。無管仲。則君不君。臣不臣。皆爲夷狄。補皇侃曰。被髮。不結也。邢昺曰。夷狄之人。被髮左衽。豈○被皮寄反。下同。衽而審反。一音而鴆反。下同。

若匹夫匹婦之爲諒也自經於溝瀆而莫之知也。

王肅曰。經。經死於溝瀆之中也。管仲召忽之於公子糾。君臣之義未正成。故死之未足深嘉。不死未足多非。死既難。亦在於過厚。故仲尼但美管仲之功。亦不言召忽不當死也。補皇侃曰。君子直而不諒。○後漢書應劭傳引此文。而莫間有人字。是也。

公叔文子之臣大夫僎與文子同升諸公。

孔安國曰。大夫僎。本文子家臣。薦之使與己並爲大夫。同升在公朝。補皇侃曰。諸之也。○僎本又作撰。同士免反。校勘記云。案漢書古今人表。又作大夫選。古選撰僎三字並通。先進篇子路曾皙章異乎三子者之撰。釋文云。鄭作僎。又漢書食貨志白撰。史記平準書本作白選。

子聞之曰可以爲

文矣。孔安國曰。行如是。可諡爲文。補邢昺曰。諡法。錫民爵位曰文

子曰。衛靈公之無道也。康子曰。夫如是。奚而不喪。孔子曰。仲叔圉治賓客。祝鮀治宗廟。王孫賈治軍旅。夫如是。奚其喪。孔安國曰。言君雖無道。所任者各當其才。何爲當亡乎。補朱熹曰。喪。失位也。○諸本子曰作子言。皇本高麗本與此同。道下有久字。喪息浪反。下同。又如字。圉魚呂反。鮀徒何反。

子曰。其言之不怍。則其爲之也難。馬融曰。怍慙也。內有其實。則言之不慙。積其實者。爲之難也。○怍才洛反。

陳成子弒簡公。孔子沐浴而朝。告於哀公曰。陳恆

弑其君。請討之。馬融曰。陳成子。齊大夫陳恆也。將告君。故先齋。齋必沐浴。補皇侃曰。魯哀公十四年甲午。齊陳恆殺其君壬于舒州。○弑本亦作殺。同。音試。下同。朝直遙反。

公曰。告夫三子。孔安國曰。謂三卿也。補邢昺曰。季孫孟孫叔孫三卿。○夫音符。下同。挍勘記云。皇本高麗本三上有二字。

孔子曰。以吾從大夫之後。不敢不告也。君曰告夫三子者。馬融曰。我於禮當告君。不當告三子。君使我往。故復往也。補太宰純曰。君曰以下七字。述哀公之言。

之三子告。不可。孔子曰。以吾從大夫之後。不敢不告也。馬融曰。孔子由君命之三子告。不可。故復以此辭語之而止。補左氏傳載孔子之言曰。陳恒弑其君。民之不與者半。以魯之衆。加齊之半。可克也。公曰。子告季孫。孔子辭。退而告人曰。吾以從大夫之後也。故不敢不言。太宰純曰。左氏傳實錄也。其文此論語加詳。夫寡固不可以敵衆。孔子曰以魯之衆加齊之半可克也。此夫子以理勢言之。

子路問事君。子曰。勿欺也。而犯之。孔安國曰。事君之道義不可欺。當能犯顏色諫爭。

子曰。君子上達。小人下達。本爲上。末爲下。【補】儀禮士昏禮。下達納采用雁。禮表記。子曰。事君不下達。鄭玄曰。不下達。不以私事自通於君也。皇侃曰。上達者達於仁義也。下達者。謂達於財利。禮玉藻。始冠緇布冠。自諸侯下達。太宰純引之云云。似有理。今案三年之喪達天子。期之喪達諸侯之達亦同。

子曰。古之學者爲己。今之學者爲人。孔安國曰。爲己。履而行之。爲人。徒能言之。○爲于僞反。

蘧伯玉使人於孔子。孔子與之坐而問焉。孔安國曰。伯玉。衛大夫蘧瑗。○蘧其居反。使所吏反。下同。曰。夫子何爲。對曰。夫子欲寡其過而未能也。言夫子欲寡其過。而未能無過。使者出。子曰。使乎。使乎。陳羣曰。再言使乎者。善之也。言使得其人也。

子曰。不在其位。不謀其政。曾子曰。君子思不出其位。孔安國曰。不越其職。補此八字既見泰伯篇。今并曾子之語。而記之。爲一章。抑似有故也。毛奇齡曰。曾子引夫子贊易之詞。以爲証。朱熹云。此艮卦之象辭也。攷勘記云。皇本閩本北監本合下曾子曰。君子思不出其位。爲一章。毛本曾子曰提行別爲一章。案邢疏云。曾子遂曰。明出一遂字。則毛本別爲一章。非是。按孫志祖讀書脞錄云。論語憲問篇。子曰。不在其位。不謀其政。註疏以此二句與下曾子曰君子思不出其位合爲一章。蓋曾子引易以證夫子之言語。意本一貫。猶牢曰子云吾不試。故藝也。集註因泰伯篇有此文。註爲重出。而以曾子曰自爲一章誤矣。

子曰。君子恥其言而過其行。

補本而作之。行下孟反。校勘記云。按潛夫論交際篇。孔子疾夫言之過其行者。亦作之字。答問云。邢叔明疏云。君子言行相顧。若言過其行。謂有言而行不副。君子所恥也。則邢本亦當與皇同。今註疏本乃後人依朱文公本校改。非邢氏之舊矣。

子曰。君子道者三。我無能焉。仁者不憂。知者不惑。勇者不懼。子貢曰。夫子自道也。

補太宰純曰。仁者不憂以下三句。見子罕篇。唯其序彼知者在先。仁者次之。此則仁者在先。知者次之。爲不同耳。解見前篇。○知音智。惑音或。

子貢方人。孔安國曰。比方人也。[補]皇侃曰。論彼此之勝劣也。○方如字。校勘記云。釋文出方人云。鄭本作謗。謂言人之過惡。案方與旁通。謗字从旁。古或與方通借。故鄭本作謗。讀書脞錄云。讀左傳襄十四年庶人謗。正義云。謗謂言其過失。使在上聞之而自改。亦是諫之類也。昭四年傳。鄭人謗子產。國語厲王虐。國人謗王。皆是言其實事。謂之爲謗。但傳聞之事。有實有虛。或有妄謗人者。今世遂以謗爲誣類。是俗易而意異也。始悟子貢謗人之義如此。

子曰。賜也賢乎哉。夫我則不暇。孔安國曰。不暇比方人也。○夫音符。暇行訝反。校勘記云。皇本作賜也賢乎我夫哉。我則不暇。高麗本作賜也賢乎我夫我則不暇。按皇本高麗本皆非也。

子曰。不患人之不己知。患己不能也。王肅曰。徒患己之無能。○

己不之己。諸本作其。皇本與此同。各本作其

子曰。不逆詐。不億不信。抑亦先覺者。是賢乎。孔安國曰。先覺人情者。是寧能爲賢乎。或時反怨人。補皇侃曰。逆。迎也。○億於力反。

微生畝謂孔子曰。丘何爲是栖栖者與。無乃爲佞乎。包氏曰。微生。姓。畝。名。補邢昺云。栖栖。猶皇皇也。太宰純曰。檀弓云。始死皇皇焉。如有求而弗得。邢疏皇皇。乃此義也。○按勘記云。唐石經畝作畆。皇本北監本作畆。十行本作畝。閩本作畂。案五經文字云。畝畆上說文。下經典相承隸省。釋文出仁何云。或作仁何爲。鄭作仁何。是本今作仁何爲是。

孔子對曰。非敢爲佞也。疾固也。包氏曰。疾世固陋。欲行道以化之。

子曰。驥不稱其力。稱其德也。鄭玄曰。德者。調良之謂。補皇侃曰。驥者。馬

之上善也。○驥音冀。

或曰。以德報怨何如。子曰。何以報德。德恩惠之德也。補朱熹曰。或人所稱。今見老子書。以直報怨。以德報德。

子曰。莫我知也夫。子貢曰。何爲其莫知子也。子貢怪夫子言何爲莫知己。故問。○夫音符。子曰。不怨天。不尤人。馬融曰。孔子不用於世。而不怨天。人不知己。亦不尤人。補不怨天以下六字。見禮中庸。下學而上達。孔安國曰。下學人事。上知天命。知我者其天乎。聖人與天地合其德。故曰唯天知己。

公伯寮愬子路於季孫。馬融曰。愬譖也。伯寮魯人。弟子也。補太宰純曰。史記弟子傳云。公伯僚字子周。家語弟子解不載。馬注依史記也。○寮力彫反。愬悉路反。校勘記云。說文引作公伯寮。案作寮俗省也。子服景伯以告。馬融曰。魯大夫子服何忌也。告。告孔子。補邢昺引左氏傳曰。景伯單名何。而此注云何忌誤也。朱熹云。子服氏。景謚。伯字。曰夫子固有惑志。孔安國曰。季孫信讒恚子路。於公伯寮也。吾力猶能肆諸市朝。鄭玄曰。吾勢力能辨子路之無罪於季孫。使之誅伯寮而肆之。有罪既刑。陳其尸曰肆。朝直遙反。○子曰道之將行也與。命也。道之將廢也與。命也。公伯寮其如命何。與音餘。

子曰。賢者辟世。孔安國曰。世主莫得而臣。補邢昺曰。此章言自古隱逸賢者。○辟音避。下同。挍勘記云。皇本高麗本辟作避。是正字。下皆同。本注。皇本作世主莫得而匡之也。其次辟地。馬融曰。去亂國。適治邦。其次辟色。孔安國曰。色斯舉矣。其次辟言。

孔安國曰。有惡言乃去。

子曰。作者七人矣。包氏曰。作。爲也。爲之者凡七人。謂長沮。桀溺。丈人。石門。荷蕢。儀封人。楚狂接輿。補王弼曰。七人。伯夷。叔齊。虞仲。夷逸。朱張。柳下惠。少連也。○挍勘記云。釋文荷蕢本又作何。何。音同。案漢書古今人表。正作何蕢。按何荷正俗字。

子路宿於石門。石門晨門曰。奚自。晨門者。閽人也。子路曰。自孔氏。曰。是知其不可而爲之者與。包氏曰。言孔子知世不可爲。而強爲之。補皇疏曰。石門。地名也。一云。魯城門外也。邢昺云。晨門。晨昏開閉之吏也。○與音餘。各本不重石門二字。皇本高麗本與此同。

子擊磬於衞。有荷蕢而過孔子之門者。曰。有心哉擊磬乎。蕢。艸器也。有心。謂契契然。補皇侃曰。蕢。織草而爲器。本註。契契。皇侃曰。謂心別有所思。詩云。契契寤歎。○邢朱二本孔子作孔氏。既而校勘記云。按說文引蕢作臾。據古文論語也。

曰鄙哉硜硜乎莫己知也斯己而已矣。此硜硜徒信己而已。

言亦無益也。補阮元曰。按說文。硜古文磬。九經古義云。何晏註云。此硜硜者謂此磬聲也。史記載樂記云。石聲硜。硜即磬字。今禮記作磬。按硜本古文磬字。段玉裁云。後以硜爲堅确之意。是所謂古今字。○硜苦耕反。己音記。下斯己同。校勘記云。各本上兩己字。竝誤作已。案養新錄云。今人讀斯己而已。兩己字皆如以。考唐石經莫己斯己。皆作人己之己。而已作已止之已。釋文莫己音紀。下斯己同。與石經正合。集解此硜硜者。徒信己而已。皇疏申之云。言孔子硜硜不宜隨世變。唯自信己而已矣。是唐以前論語斯己字。皆不作止解。由於經文作己不作已也。已與己絕非一字。宋儒誤讀斯己爲以。未免改經文以就己說矣。

深則厲淺則揭。包氏曰。以衣涉水爲厲。揭揭衣也。言隨世以行已。若過水必以濟。知其不可則當不爲也。補朱熹曰。此兩句衛風匏有苦葉之詩也。爾雅釋水云。繇膝以下爲揭。繇膝以上爲渉。繇帶以上爲厲。○揭起例反。

子曰。果哉。末之難矣。末知己志而便譏己。所以爲果。末無也。無以難者。以其不能解己之道。補朱熹曰。人之出處。若但如此。則亦無所難矣。○難如字。或乃旦反。

子張曰。書云。高宗諒陰三年不言。何謂也。孔安國曰。高宗殷之中興王武丁也。諒信也。陰猶默也。補皇侃曰。或呼倚廬爲諒陰。或呼爲梁闇。或呼梁菴。各隨義而言之。朱熹曰。諒陰天子居喪之名。未詳其義。○諒音亮。鄭讀禮爲梁鷁。

子曰。何必高宗。古之人皆然。君薨。百官總己。馬融曰。己百官。補皇侃曰。群臣百官不復諮詢於君。而各總束己之事。○皇本作已。已百官也。以聽於冢宰三年。孔安國曰。冢宰。天官卿。佐王治者。三年喪畢。然後王自聽政。補爾雅云。冢。大也。

子曰。上好禮。則民易使也。民莫敢不敬。故易使。好。呼報反。易。以豉反。○子路問君子。子曰。脩己以敬。孔安國曰。敬其身。皇本脩作修。曰。如斯而已乎。曰。脩己以安人。孔安國曰。人謂朋友九族。曰。如斯而已乎。曰。脩己以安百姓。脩己以安百姓。堯舜其猶病諸。孔安國曰。病。猶難也。

原壤夷俟。馬融曰。原壤。魯人。孔子故舊。夷。踞。俟。待也。踞待孔子。補皇侃曰。夷踞竪膝。以待孔子之來也。○壤而丈反。子曰。幼而不遜弟。長而無述焉。老而不死。是爲賊。賊。謂賊害。補皇侃曰。賊。害於德。○釋文作孫。云。音遜。皇本作遜悌。弟。大計反。長丁丈反。以杖叩其脛。孔安國曰。叩。擊也。脛。脚脛。補皇侃曰。膝上曰股。膝下曰脛。

○叩音口。又音扣。脛戶定反。

闕黨童子將命。馬融曰。闕黨之童子將命者。傳賓主之語出入。補皇侃曰。闕黨。黨名。閻若璩曰。今兗州府志。闕黨在滋陽縣東北一里。有泉焉。名闕黨泉。流入泗。荀子儒效篇。仲尼居於闕黨。闕黨之子弟罔不分。有親者取多。○皇本高麗本命下有矣字。

或問之曰。益者與。子曰。吾見其居於位也。童子隅坐無位。成人乃有位也。見其與先生並行也。非求益者也。欲速成者也。包氏曰。先生。成人也。並行。不差在後。違禮欲速成人者。則非求益也。○者與音餘。

論語卷七 畢

論語卷八

何晏集解
山本惟孝補解

衞靈公第十五 凡四十九章 今四十二章

衞靈公問陳於孔子。孔安國曰。軍陳行列之法。[補]皇侃曰。衞靈公者。衞國無道之君也。○陳直刃反。按勘記云。釋文出問陣。云直刃反。本今作陳。案陣爲陳之俗字。顏氏家訓書證篇云。大公六韜。有天陳地陳人陳雲鳥之陳。論語曰。衞靈公問陳於孔子。左傳爲魚麗之陳。俗本多作阜旁車乘之車。蒼雅及近世字書皆無。惟王羲小學章。獨阜旁作車。縱復俗行。不宜追改六韜論語左傳也。孔子對曰。俎豆之事。則嘗聞之矣。孔安國曰。俎豆禮器。[補]邢昺曰。按明堂位云。俎。有虞氏以椀。夏后氏以嶡。殷以椇。周以房俎。鄭注云。椀斷木爲四足而已。嶡之言蹷也。謂中足爲橫距之象。周禮謂之距。椇之言椇也。謂曲橈之也。房謂足下跗也。上下兩間有似於堂房。頌曰。籩豆大房。○俎側呂反。軍旅之事未之學也。鄭玄曰。萬二千五百人爲軍。五百人爲旅。軍旅末事。本未立則不可教以末事。

明日遂行。在陳絕糧。從者病莫能興。孔安國曰。從者弟子。興起也。孔子去衛如曹。曹不容。又之宋。遭匡人之難。又之陳。會吳伐陳。陳亂。故乏食。補朱注達上文爲一章。○糧鄭本作粻。按勘記云。皇本糧作粻。釋文出絕糧云。音粮。鄭本作粻。音張。糧也。○按糧正字。粻粮皆俗字。子路慍見曰。君子亦有窮乎。子曰。君子固窮。小人窮斯濫矣。濫溢也。君子固亦有窮時。但不如小人窮則濫溢爲非。補家語在厄篇。子路慍作色而對。鄭玄曰。濫。竊也。○濫力暫反。

子曰。賜也。汝以予爲多學而識之者與。對曰。然。孔安國曰。然。謂多學而識之。○與音餘。下同。非與。孔安國曰。問今不然。曰非也。予一以貫之。善有元。事有會。天下殊塗而同歸。百慮而一致。知其元則衆善舉矣。故不待多學。一以知之。○貫古亂反。

子曰。由知德者鮮矣。王肅曰。君子固窮。而子路慍見。故謂之少於知德者。○鮮仙善反。

子曰。無爲而治者。其舜也與。夫何爲哉。恭己正南面而已矣。言任官得其人。故無爲而治。○治直吏反。夫音符。

子張問行。子曰。言忠信。行篤敬。雖蠻貊之邦行矣。言不忠信。行不篤敬。雖州里行乎哉。鄭玄曰。萬二千五百家爲

諸本不上有言字皇本與此同

州五家爲鄰五鄰爲里行乎哉言不可行○行篤下孟反下行不篤敬亦同貊亡白反說文作貉云北方人也立則見其參於前也在輿則見其倚於衡也夫然後行包氏曰衡扼也言思念忠信立則常想見參然在前在輿則若倚衡扼○按勘記云皇本高麗本參下有然字案釋文云參所金反包註云參然在目前是古讀如森不讀如驂字當作參與曾子名同今作參隷之變體竟讀如驂甚誤皇本高麗本行下有也字○參所金反輿音餘倚於綺反夫音扶子張書諸紳孔安國曰紳大帶補邢昺曰以帶束腰垂其餘以爲飾謂之紳○紳音申

子曰直哉史魚孔安國曰衞大夫史鰌邦有道如矢邦無道如矢孔安國曰有道無道行直如矢不曲君子哉蘧伯玉邦有道則

仕。邦無道。則可卷而懷之。包氏曰。卷而懷。謂不與時政。柔順不忤於人。○校勘記云。唐石經之作也。案後漢書周黃徐姜申屠傳序曰。孔子稱蘧伯玉邦無道。則可卷而懷也。亦作也字。○卷卷免反。

子曰。可與言而不與之言。失人。不可與言而與之言。失言。知者不失人。亦不失言。補所言皆是。故無所失者也。皇本有此註。各本並無。皇侃曰。此人可與共言而已不可與之言。則此人不復見顧。故是失於可言之人也。與不可言之人共言。是失我之言者也。唯有智之士。則備照二途。則人及言並無所失也。

子曰。志士仁人。無求生以害仁。有殺身以成仁。孔安國曰。無求生而害仁。歿而後成仁。則志士仁人不愛其身也。○害仁之仁。唐石經作人。阮元曰。文選曹植贈徐幹詩註。及太平御覽四百十九俱引作人。與唐石經合。然皇疏云無求生以害仁者。旣志善行仁。恆欲救物。故不自求我之生。以害於仁恩之理也。則字當作仁。

子貢問爲仁。子曰。工欲善其事。必先利其器。居是邦也。事其大夫之賢者。友其士之仁者。孔安國曰。言工以利器爲用。人以賢友爲助。補皇侃曰。工。巧師也。○挍勘記云。皇本高麗本者下有也字。

顏淵問爲邦。子曰。行夏之時。據見萬物之生。以爲四時之始。取其易知。補邢昺云。建寅之月爲正也。乘殷之輅。馬融曰。殷車曰大輅。左傳曰。大輅越席。昭其儉也。補邢昺云。殷車曰大輅。謂木輅也。又云。越席結蒲爲席。置於輅中以茵藉。示其儉也。○挍勘記云。釋文出之輅云。音路。本亦作路。是假借字。服周之冕。包氏曰。冕禮冠。周之禮。文而備。取其黈纊塞耳。不任視聽。補 邢昺曰。冕冠之有旒者。朱熹曰。周冕有五。祭服之冠也。本注。皇侃曰。黈。黄色也。纊。新綿也。

樂則韶舞。韶。舜樂也。盡善盡美。故取之。放鄭聲遠佞人。鄭聲淫佞人殆。孔安國曰。鄭聲佞人亦俱能感人心。與雅樂賢人同。而使人淫亂危殆。故當放遠之。○遠于萬反。佞乃定反。

子曰。人而無遠慮。王肅曰。君子當思患而預防之。補 本注。邢昺云。此周易既濟象辭也。○皇本高麗本人下有而字。與此同。必有近憂。

子曰。已矣乎。吾未見好德如好色者也。補 皇侃曰。重出。此語已見子罕篇。無已矣乎三字。○挍勘記云。皇本無乎字。

子曰。臧文仲其竊位者與。知柳下惠之賢而不與立也。孔安國曰。柳下惠。展禽也。知其賢而不與。為竊位者。補皇侃曰。魯大夫也。

子曰。躬自厚而薄責於人。則遠怨矣。孔安國曰。自責己厚。責人薄。所以遠怨咎。○遠于萬反。

子曰。不曰如之何如之何者。孔安國曰。不曰如之何者。猶言不曰奈是何。吾末如之何也已矣。孔安國曰。如之何者。言禍難已成。吾亦無如之何。補朱熹不曰以下九字為一句。

子曰。羣居終日。言不及義。好行小慧。難矣哉。鄭玄曰。小慧。謂小小之才知。難矣哉。言終無成。○按勘記云。皇本慧作惠。釋文出行小慧云。音惠。小才知。魯讀慧為惠。今從古。案古多假惠為慧。如韓詩外傳五云。主名者。其臣惠。漢書昌邑王傳云。清狂不惠。列予逢氏有子少而惠。是也。

子曰。君子義以爲質。禮以行之。孫以出之。信以成之。君子哉。鄭玄曰。義以爲質。謂操行。遜以出之。謂言語。○按勘記云。釋文出爲質云。一本作君子義以爲質。鄭本略同。案文義。君子字不當有。孝經三才章疏引亦無君子字。經義雜記云。有者係衍文。蓋先說義以爲質四句。然後言君子哉。明不當先言君子也。○孫音遜。

子曰。君子病無能焉。不病人之不己知也。包氏曰。君子但病無聖人之道。不病人之不己知。

子曰。君子疾沒世而名不稱焉。疾。猶病也。

子曰。君子求諸己。小人求諸人。君子責己。小人責人。

子曰。君子矜而不爭。包氏曰。矜。矜莊也。補皇侃曰。君子自矜莊己身而已。不與人爭也。羣而不黨。孔安國曰。黨。助也。君子雖衆。不相私助。義之與比。

子曰。君子不以言舉人。包氏曰。有言者。不必有德。故不可以言舉人。不以人廢言。王肅曰。不可以無德而廢善言。

子貢問曰。有一言而可以終身行之者乎。子曰。其恕乎。己所不欲。勿施於人。言己之所惡。勿加施於人。○皇本無之字。人下有也字。

子曰。吾之於人也。誰毀誰譽。如有所譽者。其有所試矣。包氏曰。所譽輒試。以事不空譽而已。○校勘記云。皇本無也字。皇本所作可。譽音餘。斯民也。三代之所以直道而行也。馬融曰。三代夏殷周。用民如此。無所阿私。所以云直道而行。

子曰吾猶及史之闕文也。包氏曰。古之良史於書字有疑。則闕之以待知者。補皇侃曰。史者掌書之官也。又云。孔子自云。已及見昔史有此時闕文也矣。惟孝曰。闕文之義。漢藝文志同包氏。荻生茂卿曰。闕文二字。傳者所書誤入正文。胡寅曰。此章義疑。不可強解。○唐石經無之字。

有馬者借人乘之。今則亡矣夫。包氏曰。有馬不能調良。則借人使乘習之。孔子自謂及見其人如此。至今無有矣。言此者以俗多穿鑿。補皇侃曰。孔子又曰。亦見此時之馬難調御。不能調則借人乘服之也。○皇本高麗本今下有則字。朱子集註本矣作已。案宋石經作矣。石經考文提要引宋本九經岳珂本亦作矣。今集註本作已非。借子夜反。夫音符。

子曰。巧言亂德。小不忍。則亂大謀。孔安國曰。巧言利口。則亂德義。小不忍。則亂大謀。○高麗本無則字。

子曰。衆惡之必察焉。衆好之必察焉。王肅曰。或衆阿黨比周。或其人特立不羣。故好惡不可不察也。○惡烏路反。好呼報反。

子曰。人能弘道。非道弘人也。王肅曰。才大者道隨大。才小者道隨小。故不能弘人。【補】蔡謨曰。道者。寂然不動。行之由人。人可適道。故曰。人能弘道。道不適人。故曰。非道弘人也。○皇本高麗本人下有也字。

子曰。過而不改。是謂過矣。

子曰。吾嘗終日不食。終夜不寢。以思。無益。不如學。

也。

子曰。君子謀道不謀食。耕也餒在其中矣。學也祿在其中矣。君子憂道不憂貧。鄭玄曰。餒。餓也。言雖念耕而不學。故飢餓。學則得祿。雖不耕而不餒。勸人學。補皇侃曰。耕未必無餓。學亦未必得祿。在其中。恆有之勢。

子曰。知及之。仁不能守之。雖得之。必失之。包氏曰。知能及治其官。而仁不能守。雖得之。必失之。○知音智。下同。知及之。仁能守之。不莊以莅之。則民不敬。包氏曰。不嚴以臨之。則民不敬從其上。知及之。仁能守之。莊以莅之。動之不以禮。未善也。王肅曰。動必以禮。然後善。

子曰。君子不可小知。而可大受也。小人不可大受。而可小知也。君子之道深遠。不可以小了知。而可大受。小人之道淺近。可以小了知。而不可大受也。

子曰。民之於仁也。甚於水火。馬融曰。水火與仁。皆民所仰而生者。仁最爲甚。水火吾見蹈而死者矣。未見蹈仁而死者也。馬融曰。蹈水火。或時殺人。蹈仁未嘗殺人。○蹈徒報反。

子曰。當仁不讓於師。孔安國曰。當行仁之事。不復讓於師。行仁急。

子曰。君子貞而不諒。孔安國曰。貞正。諒信也。君子之人正其道耳。言不必小信。

【補】孟子曰。大人者。言不必信。

子曰。事君。敬其事。而後其食。孔安國曰。先盡力。然後食祿。【補】阮元曰。郡齋讀書志載。蜀石經作敬其事而後食其祿。按皇疏云。國家之事。知無不爲。是敬其事也。必有纏勳績。乃受祿賞。是後其食也。蜀石經作而後食其祿。是依注文妄增也。

子曰。有教無類。馬融曰。言人在見教。無有種類。

子曰。道不同。不相爲謀。○爲于僞反。

子曰。辭達而已矣。孔安國曰。凡事莫過於實。辭達則足矣。不煩文艷之辭。

師冕見。孔安國曰。師樂人。盲者。名冕。○見賢遍反。及階。子曰。階也。及席。子曰。席也。皆坐。子告之曰。某在斯。某在斯。孔安國曰。歷告以坐中人姓字。及所在處。○校勘記云。高麗本師席下有也字。案文義不當有也字。各本俱無。

冕出。子張問曰。與師言之道與。子曰。然。固相師之道也。馬融曰。相。導也。補鄭玄云。相。扶也。子罕篇。子見齊衰者。冕衣裳者與瞽者。見之雖少必作。過之必趨。○與音餘。相息亮反。

季氏第十六 凡十四章

季氏將伐顓臾。冉有季路見於孔子曰。季氏將有事於顓臾。孔安國曰。顓臾伏羲之後。風姓之國。本魯之附庸。當時臣屬魯。季氏貪其土地。欲滅而有之。冉有與季路。爲季氏臣。來告孔子。補皇侃曰。國主社稷。顓臾既屬魯國。鄭註詩云。諸侯不臣附庸。而此云是社稷臣者。當爾時已臣屬魯故也。○唐石經臾作史。十行本閩本作臾。○顓音專。臾音瑜。見賢遍反。孔子曰。求。無乃爾是過與。孔安國曰。冉求爲季氏宰。

相其室而爲之聚斂故孔子獨疑求教之○與音餘下同夫顓臾昔者先王以爲東蒙主孔安國曰使主祭蒙山且在邦域之中矣孔安國曰魯七百里之封顓臾爲附庸在其域中○挍勘記云釋文出邦域云邦或作封案邦與封古字雖通然此處疑本作封字孔註云魯七百里之封邢疏云魯之封方七百里顓臾爲附庸在其域中也又云顓臾爲附庸在此七百里封域之中也皆作封字可證是社稷之臣也何以伐爲孔安國曰已屬魯爲社稷之臣何用滅之爲○皇本高麗本作何以爲伐也冉有曰夫子欲之吾二臣者皆不欲也孔安國曰歸咎於季氏孔子曰求周任有言曰陳力就列不能者止馬融曰周任古之良史言當陳其才力度己所任以就其位不能當止○任音壬危而不持顚而不

扶則將焉用彼相矣。包氏曰。言輔相人者。當能持危扶顚。若不能。何用相爲。○焉於虔反。相息亮反。且爾言過矣。虎兕出於柙。龜玉毀於櫝中。是誰之過與。馬融曰。柙檻也。櫝櫃也。失虎毀玉。非典守者之過邪。補爾雅曰。兕野牛。郭璞云。一角青色。重千斤。邢昺曰。說文柙檻也。○挍勘記云。皇本無二於字。高麗本毀下無一於字。釋文出於匣。云本今作柙。五經文字云柙與匣同。見論語。按柙訓檻。匣訓匱。是柙爲正字。匣爲假借字。○兕徐履反。柙戸甲反。櫝音獨。冉有曰。今夫顓臾固而近於費。馬融曰。固謂城郭完堅兵甲利也。費季氏邑。○費悲位反。今不取。後世必爲子孫憂。孔子曰。求君子疾夫。孔安國曰。疾如汝之言。○按釋文本無後世二字。舍曰欲之而必更爲之辭。孔安國曰。舍其貪利之說。而更作他辭。是所疾也。補太宰純曰。君子疾夫舍曰欲之而必更爲之辭。十四字一句。註疏以夫字爲句。林希元至辭字爲一句。是也。○舍音捨。皇本高麗本必下有更字。與此同。丘也聞有國有家者。不患寡而患不均。孔安國曰。國諸侯。家卿大夫。不患土地人民之寡少。患政治之不均平。不患貧而患不安。孔安國曰。憂不能安民耳。民安則國富。蓋均無貧。和無寡。安無傾。包氏曰。政教均平。則不貧矣。上下和同。不患寡矣。小大安寧。不傾危矣。夫如是。故遠人不服。則修文德以來之。既來之。則安之。今由與求也。相夫子。遠人不服。而不能來也。邦分崩離析。而不能守也。孔安國曰。民有異心曰分。欲去曰崩。不可會聚曰離析。○析星歷反。而謀動干戈於邦內。孔安國曰。干楯也。戈戟也○釋文出邦內云鄭本作封內吾恐季孫之憂不在於顓臾而在蕭牆之內也鄭玄曰蕭之言肅也蕭牆謂屏也君臣相見之禮至屏而加肅敬焉是以謂之蕭牆後季氏家臣陽虎果囚季桓子○唐石經高麗本在下有於字釋文出不在顓臾云或作不在於顓臾隸釋載漢石經蕭上有於字云益毛包周無於又牆作蘠閩本北監本毛本作墻阮元云按墻俗牆字

孔子曰天下有道則禮樂征伐自天子出天下無道則禮樂征伐自諸侯出自諸侯出蓋十世希不失矣孔安國曰希少也周幽王爲犬戎所殺平王東遷周始微弱諸侯自作禮樂專行征伐始於隱公至昭公十世失政死於乾侯補皇侃曰十世隱桓莊閔僖文宣成襄昭自大夫出

五世者文子武子悼子平子桓子

五世希不失矣。孔安國曰。季文子初得政。至桓子。五世。爲家臣陽虎所囚。陪臣執國命。三世希不失矣。馬融曰。陪重也。謂家臣陽虎爲季氏家臣。至虎三世。而出奔齊。陪蒲回反。○天下有道則政不在大夫。孔安國曰。制之由君。天下有道則庶人不議。孔安國曰。無所非議。

孔子曰。祿之去公室五世矣。鄭玄曰。言此之時。魯定公之初。魯自東門襄仲殺文公之子赤而立宣公。於是政在大夫。爵祿不從君出。至定公爲五世矣。補本註。太宰純曰。襄仲所弒。左氏以爲惡。公羊以爲赤。鄭註依公羊傳。政逮於大夫四世矣。孔安國曰。文子武子悼子平子。○逮音代。一音弟。本註。皇本孔安國作鄭玄。故夫三桓之子孫微矣。孔安國曰。三桓謂仲孫叔孫季孫。三卿皆出桓公。故曰三桓也。仲孫氏改其氏

稱孟氏至哀公皆哀○夫音符○

孔子曰益者三友損者三友友直友諒友多聞益矣友便辟馬融曰便辟巧避人之所忌以求容媚者○按勘記云高麗本辟作僻案馬讀辟爲譬今高麗本作僻蓋與釋文同今既采馬註而字又作僻其誤甚矣○便辟上婢緜反下婢亦反○下皆同○友善柔馬融曰面柔也○友便佞損矣鄭玄曰便辨也謂佞而辨補太宰純曰友便佞便字說文作諞曰巧言也阮元曰說文引便作諞○案五經文字云諞見周書與便巧之便同○佞乃定反○

孔子曰益者三樂損者三樂樂節禮樂動得禮樂之節○三樂五教反○下不出者同○禮樂音岳○樂道人之善樂多賢友益矣樂

驕樂，孔安國曰。恃尊貴以自恣。○驕樂樂音洛。樂佚遊，王肅曰。佚遊出入不節。○佚本亦作逸。音同。阮元云。佚逸多通用。樂宴樂，損矣。孔安國曰。宴樂沈荒淫瀆。三者自損之道。

孔子曰。侍於君子有三愆。孔安國曰。愆過也。○愆起虔反。言未及之而言，謂之躁。鄭玄曰。躁不安靜。〔補〕陸德明曰。魯讀躁爲傲。今從古。阮元曰。案荀子勸學篇云。未可與言而言謂之傲。鹽鐵論孝養章云。言不及而言者傲也。皆用魯論。○躁早報反。言及之而不言，謂之隱。孔安國曰。隱匿不盡情實。未見顏色而言，謂之瞽。周生烈曰。未見君子顏色所趣嚮而便逆先意語者。猶瞽者。○瞽音古。

孔子曰。君子有三戒。少之時，血氣未定，戒之在色。

及其壯也。血氣方剛。戒之在鬭。及其老也。血氣既衰。戒之在得。孔安國曰。得。貪得。○少詩照反。鬭丁豆反。

孔子曰。君子有三畏。畏天命。順吉逆凶。天之命也。畏大人。大人。卽聖人。與天地合其德者。畏聖人之言。深遠不可易知測。聖人之言也。小人不知天命而不畏也。恢疏。故不知畏。狎大人。直而不肆。故狎之。○狎戸甲反。侮聖人之言。不可小知。故侮之。○侮亡甫反。

孔子曰。生而知之者。上也。學而知之者。次也。困而學之。又其次也。孔安國曰。困。謂有所不通。困而不學。民斯爲下矣。

孔子曰。君子有九思。視思明。聽思聰。色思溫。貌思恭。言思忠。事思敬。疑思問。忿思難。見得思義。○忿芳吻反。難乃旦反。

孔子曰。見善如不及。見不善如探湯。吾見其人矣。吾聞其語矣。孔安國曰。探湯。喩去惡疾。○探吐南反。隱居以求其志。行義以達其道。吾聞其語矣。未見其人也。

齊景公有馬千駟。死之日。民無德而稱焉。孔安國曰。千駟。四千匹。【補】皇本高麗本德作得。又皇本無而字。阮元云。案得與德字雖通。然此處自當作德。王注云。此所謂以德爲稱。正義云。此章貴德也。又云。及其死也。無德可稱。又云。其此所謂以德爲稱者與。皆以斯字。即指德言。直截自然。若改爲得。頗乖文義。伯夷叔齊餓于首陽之下。馬融曰。首陽山在河東蒲坂縣華山之北河曲之中。民到于今稱之。其斯之謂與。王肅曰。此所謂以德爲稱者。補 其斯以下。朱註引胡寅之說曰。程子以爲第十二篇錯簡誠不以富亦祇以異。當在此章之首。今詳文勢。似當在此句之上。言人之所稱。不在於富。而在於異也。朱熹曰。章首當有孔子曰字。○與音餘。

陳亢問於伯魚曰。子亦有異聞乎。馬融曰。以爲伯魚孔子之子。所聞當有異。補 阮元曰。說文云。論語有陳伉。按亢字子禽。與爾雅亢鳥嚨詁訓相合。作伉似非也。然漢書古今人表。陳亢陳子禽爲二人。段玉裁說。○亢音剛。又苦浪反。對曰。未也。嘗獨立。孔安國曰。獨立。謂孔子。鯉趨而過庭。曰。學詩乎。對曰。未也。

曰不學詩無以言鯉退而學詩他日又獨立鯉趨而過庭曰學禮乎對曰未也不學禮無以立補皇侃曰禮。是莊儉莊敬。立身之本。鯉退而學禮聞斯二者矣陳亢退而喜曰問一得三聞詩聞禮又聞君子之遠其子也補皇侃曰是君子不獨親子。○遠于萬反。

邦君之妻君稱之曰夫人夫人自稱曰小童邦人稱之曰君夫人稱諸異邦曰寡小君異邦人稱之亦曰君夫人孔安國曰小君君夫人之稱對異所謙故曰寡小君當此之時諸侯嫡妾不正稱號不審故孔子正言其禮也。補太宰純述荻生茂卿之意曰論語者門弟子各雜記其所聞。

非必孔子之言也。○皇本高麗本人下有也字。

論語卷八畢

論語卷九

何晏集解
山本惟孝補解

陽貨第十七 凡二十四章

陽貨欲見孔子。孔子不見。孔安國曰。陽貨。陽虎也。季氏家臣。而專魯國之政。欲見孔子使仕。歸孔子豚。孔安國曰。欲使往謝。故遺孔子豚。補釋文云。歸如字。鄭本作饋。魯讀爲歸。今從古。阮元曰。案歸饋古今字。儀禮聘禮注。今文歸或爲饋。○豚徒門反。孔子時其亾也。而往拜之。遇諸塗。孔安國曰。塗。道也。於道路與相逢。補孟子滕文公篇載此事曰。大夫有賜於士。不得受於其家。則往拜其門。陽貨矙孔子之亾也。而饋孔子蒸豚。孔子亦矙其亾也。而往拜之。○釋文云。塗當作途。音徒。阮元曰。按古道塗字多作涂。从辵从土。皆後出字。謂孔子曰。來。予與爾言。曰。懷其寶而迷其邦。

可謂仁乎。曰。不可。馬融曰。言孔子不仕。是懷寶也。知國不治。而不爲政。是迷邦也。好從事而亟失時。可謂知乎。曰。不可。孔安國曰。言孔子栖栖好從事。而數不遇。失時。不可爲有知。○好呼報反。亟去冀反。知音智。日月逝矣。歲不我與。馬融曰。年老。歲月已往。當急仕也。孔子曰。諾。吾將仕矣。孔安國曰。以順辭免害。

子曰。性相近也。習相遠也。孔安國曰。君子愼所習。子曰。唯上知與下愚不移。孔安國曰。上知。不可使爲惡。下愚不可使强賢。補朱熹分子曰以下爲別章。

子之武城。聞絃歌之聲。孔安國曰。子游爲武城宰。夫子莞爾而笑。莞爾，小笑貌。曰：割鷄焉用牛刀。孔安國曰：言治小何須用大道。子游對曰：昔者偃也聞諸夫子曰：君子學道則愛人，小人學道則易使也。孔安國曰：道謂禮樂也。樂以和人，人和則易使也。○使，以豉反。高麗本無也字。子曰：二三子。孔安國曰：從行者。偃之言是也，前言戲之耳。孔安國曰：戲以治小而用大道。

公山弗擾以費畔，召，子欲往。孔安國曰：弗擾爲季氏宰，與陽虎共執季桓子而召孔子。[補]惟孝曰：此章及佛肸之章，仁人濟世之大權，非得其人則不易論也。○擾，而小反。費，悲位反。皇本、高麗本弗作不。子路不說，曰：末之也已，何必公山氏之之也。孔安國曰：之，適也。無可之則止耳，何必公山氏之適。子曰：夫召我者而豈徒哉。如有用我者。吾其爲東周乎。興周道於東方。故曰東周。○皇本用上有復字。夫音符。

子張問仁於孔子。孔子曰。能行五者於天下爲仁矣。請問之。曰。恭寬信敏惠。恭則不侮。孔安國曰。不見侮慢。○高麗本曰上有對字。寬則得衆。信則人任焉。敏則有功。孔安國曰。應事疾則多成功。補皇侃曰。爲人物所委任也。一云。人思任其事。惠則足以使人。

胇肸召。子欲往。孔安國曰。晉大夫趙簡子之邑宰。○校勘記曰。唐石經十行本肸作肸。皇本作胇肸。後同。案漢書古今人表作茀肸。佛茀胇三字皆以音近通借。五經文字云。肸肸上說文。下經典相承隷省。胇音弼。肸許密反。子路曰。昔者由也聞諸夫子。

曰親於其身爲不善者君子不入也不入其國佛肸以中牟畔子之往也如之何子曰然有是言也不曰堅乎磨而不磷不曰白乎涅而不緇孔安國曰磷薄也涅可以染皁言至堅者磨之而不薄至白者染之於涅而不黑喩君子雖在濁亂濁亂不能汚〔補〕許愼曰涅謂黑土在水中者也○挍勘記云十行本閩本涅作涅案史記孔子世家及論衡問孔篇俱作不淄淄與緇古字通後漢書后妃紀云恩隆好合遂忘淄蠧以淄爲緇又隸釋載費鳳別碑有云涅而不滓史記屈原賈生傳云皭然泥而不滓者也後漢書隗囂傳亦云賢者泥而不滓似皆本此當是古魯與文○磨末多反磷力刃反涅乃結反緇側其反吾豈匏瓜也哉焉能繫而不食匏瓠也言匏瓜得繫一處者不食故也吾自食物當東西南北不得如不食之物繫

滯一處。補皇侃曰。一通云。匏瓜。星名也。焦竑曰。與維南有箕。不可簸揚。維北有斗。不可挹酒漿。同義。惟孝案如此注。言匏瓜之自不食。若爲星名。言不可食。毛奇齡引王粲登樓賦曰。懼匏瓜之空懸。○匏薄交反。瓜古花反。焉於虔反。

子曰。由也。汝聞六言六蔽矣乎。六言六蔽者。下六事。謂仁知信直勇剛也。○蔽必世反。對曰。未也。居吾語汝。孔安國曰。子路起對。故使還坐。○語魚據反。皇本居上有曰字。好仁不好學。其蔽也愚。孔安國曰。仁者愛物。不知所以裁之。則愚。好呼報反。下同。○好知不好學。其蔽也蕩。孔安國曰。蕩。無所適守。好信不好學。其蔽也賊。孔安國曰。父子不知相爲隱之輩。好直不好學。其蔽也絞。好勇不好學。其蔽也亂。好剛不好學。其蔽也狂。孔安國曰。狂妄抵觸人也。○絞交卯反。

子曰。小子何莫學夫詩。包氏曰。小子門人也。○夫音符。詩可以興。孔安國曰。興引譬連類。○興許應反。可以觀。鄭玄曰。觀觀風俗之盛衰。○觀觀如字。可以羣。孔安國曰。羣居相切磋。可以怨。孔安國曰。怨刺上政。補皇侃曰。詩可以怨刺諷諫之法。言之者無罪。聞之者足以戒。故可怨也。○刺七賜反。邇之事父。遠之事君。孔安國曰。邇近也。○邇音爾。多識於鳥獸艸木之名。

子謂伯魚曰。汝爲周南召南矣乎。人而不爲周南召南。其猶正牆面而立也與。馬融曰。周南召南。國風之始。樂淑女以配君子。三綱之首。王教之端。故人而不爲。如向牆而立。補皇疏分子謂以下爲別章。邢昺曰。南言化自北而南也。又曰。周南關雎以下。王者之風。召南鵲巢以下。諸侯之風。皇侃曰。牆面。面向牆也。○召實照反。與音餘。皇本高麗本召作邵。阮元云。按周召字當作召。作邵非是。

子曰。禮云禮云。玉帛云乎哉。鄭玄曰。玉。圭璋之屬。帛。束帛之屬。言禮非但崇此玉帛而已。所貴者乃貴其安上治民。樂云樂云。鐘鼓云乎哉。馬融曰。樂之所貴者。移風易俗。非但謂鐘鼓而已。○皇本閩本北監本毛本鐘作鐘。與此同。

子曰。色厲而內荏。孔安國曰。荏。柔也。為外自矜厲。而內柔佞。補皇侃曰。厲。矜正也。荏。柔佞也。荏。而審反。○譬諸小人。其猶穿窬之盜也與。孔安國曰。為人如此。猶小人之有盜心。穿。穿壁。窬。窬牆。○釋文出穿踰。云。音瑜。本又作窬。音同。說文作窬。穿木戶。郭璞云。門邊小竇。音臾。一音豆。阮元云。字當作踰。

子曰。鄉原。德之賊也。周生烈曰。所至之鄉。輒原其人情。而爲意以待之。是賊亂德者也。一曰。鄉向也。古字同。謂人不能剛毅。而見人輒原其趣嚮。容媚而合之。言此所以賊德。補孟子盡心篇。孔子之言曰。同於流俗。合乎汙世。居之似忠信。行之似廉潔。衆皆悅之。自以爲是。而不可與入堯舜之道。故曰德之賊也。云云。朱熹曰。鄉原。鄉人之愿者也。○鄉如字。又許亮反。

子曰。道聽而塗說。德之棄也。馬融曰。聞之於道路。則傳而說之。補伊藤維楨曰。道聽塗說。輕聽妄說也。

子曰。鄙夫可與事君也與哉。孔安國曰。言不可與事君。○與音餘。本或作無哉。其未得之也。患得之。患得之者。患不能得之。楚俗言。補太宰純曰。患得之。安知其不闕不字。何晏以爲楚俗言。孔子豈楚語耶。王符潛夫論作患不得之。荻生茂卿曰。蓋惡理義疑。恐有脫誤。

孔子時俗言。何晏時猶在楚也。○高麗本無也字。既得之。患失之。苟患失之。無所不至矣。鄭玄曰。無所不至者。言邪媚無所不爲。

子曰。古者民有三疾。今也或是之亡也。包氏曰。言古者民疾與今時異。古之狂也肆。包氏曰。肆。極意敢言。今之狂也蕩。孔安國曰。蕩。無所據。補皇侃曰。今之狂不復肆直。而皆用意澆競流動也。復無得據杖也。邢昺曰。大放浪。古之矜也廉。馬融曰。有廉隅。今之矜也忿戾。孔安國曰。惡理多怒。○戾力計反。古之愚也直。今之愚也詐而已。

子曰。巧言令色鮮矣仁。王肅曰。巧言無實。令色無質。補唐石經此九字旁注。皇本高麗本無此節經注。

子曰。惡紫之奪朱也。孔安國曰。朱正色。紫間色之好者。惡其邪好而奪正色。◯惡烏路反。下同。惡鄭聲之亂雅樂也。包氏曰。鄭聲淫聲之哀者。惡其亂雅樂。[補]皇侃曰。鄭國之音也。惡利口之覆邦家也。孔安國曰。利口之人多言少實。苟能說媚時君。傾覆其國家。◯諸本也作者。皇本與此同。覆芳服反。

子曰。予欲無言。子貢曰。子如不言。則小子何述焉。言之爲益少。故欲無言。子曰。天何言哉。四時行焉。百物生焉。天何言哉。

孺悲欲見孔子。孔子辭以疾。將命者出戸。取瑟而歌。使之聞之。孺悲魯人也。孔子不欲見。故辭之以疾。爲其將命者不知已故。歌令將命者悟所以令孺悲思之。補禮雜記篇曰。哀公使孺悲之孔子學士喪禮。皇侃曰。將命者。謂孺悲所使之人也。○孺而樹反。字亦作孺。阮元云。案五經文字云。孺經典及釋文或作孺。與孺同。皇本高麗本。辭下有之字。

宰我問三年之喪期已久矣。君子三年不爲禮。禮必壞。三年不爲樂。樂必崩。舊穀既沒。新穀既升。鑽燧改火。期可已矣。馬融曰。周書月令有更火。春取榆柳之火。夏取棗杏之火。季夏取桑柘之火。秋取柞楢之火。冬取槐檀之火。一年之中。鑽火各異木。故曰改火也。補皇侃曰。鑽燧者。鑽木取火之名也。內則云。大觿木燧。是也。○期音基。本又作其。鑽子官反。燧音遂。

子曰。食夫稻。衣夫錦。於汝安乎。曰安。女安則爲之。夫君子之居喪。食旨不甘。聞樂不樂。居處不安。故不爲也。今女安則爲之。孔安國曰。旨美也。責其無仁恩於親。故再言女安則爲之。補 邢昺曰。君子之居喪也。疾卽飮酒食肉。雖食美味不以爲甘。雖聞樂聲不以爲樂。○食音嗣。夫音符。下同。衣於旣反。不樂音洛。校勘記云。皇本高麗本稻下錦下有也字。案世說規箴篇引此文。亦竝有也字。皇本女上有曰字。

宰我出。子曰。予之不仁也。子生三年。然後免於父母之懷。馬融曰。子生未三歲。爲父母所懷抱。夫三年之喪。天下之通喪也。孔安國曰。自天子達於庶人。○史記弟子列傳。下喪作義。予也有三年之愛於其父母乎。孔安國曰。言子之於父母。欲報之德。昊天罔極。而予也有三年之愛乎。○漢石經無乎字。

子曰。飽食終日。無所用心。難矣哉。不有博奕者乎。爲之猶賢乎已。爲其無所據樂。善生淫欲。補皇侃曰。博者。十二棊。對而擲采者也。奕。圍棊也。○奕音亦。校勘記云。皇本十行本閩本。弈並作奕。閩本疏中仍作弈。十行本疏中唯說文下作弈。按當作弈。从廾亦聲。

子路曰。君子尚勇乎。子曰。君子義以爲上。君子有勇而無義爲亂。小人有勇而無義爲盜。

子貢曰。君子亦有惡乎。子曰。有惡。惡稱人之惡者。包氏曰。好稱說人之惡。所以爲惡。○惡烏路反。校勘記云。皇本高麗本曰上有問字。漢石經無亦字。下有惡字。無惡字。惡居下流而訕上者。孔安國曰。訕謗毀也。補阮元曰。漢石經無流字。案皇疏云。又憎惡爲人臣下。而毀謗其君上者也。邢疏云。謂人居下位。而謗毀在上。所以惡之也。是皇邢兩本亦無流字。九經古義云。當因子張篇惡居下流。涉彼而誤。鹽鐵論大夫曰。文學居下而訕上。漢書朱雲傳云。小臣居下訕上。是漢以前皆無流字。○訕所諫反。惡勇而無禮者。惡果敢而窒者。馬融曰。窒窒塞也。補皇侃曰。窒人道理也。朱熹曰。不通也。○窒珍栗反。挍勘記云。釋文出而窒云。魯讀窒爲室。今從古。案室乃窒之省文。隸釋載漢韓勑脩孔廟後碑以窒爲室。曰賜也亦有惡乎。惡徼以爲知者。孔安國曰。徼抄也。抄人之意以爲己有。○徼古堯反。知音智。皇本高麗本乎作也。挍勘記云。釋文出徼以云。鄭本作絞。案絞徼聲交聲古音同部。故得通借。惡不遜以爲勇者。惡訐以爲直者。包氏曰。訐謂攻發人之陰私。○孫音遜。下同。訐居謁反。

子曰。唯女子與小人爲難養也。近之則不遜。遠之則怨。〔補〕近。附近之近。遠于萬反。皇本怨上有有字。

子曰。年四十而見惡焉。其終也已。鄭玄曰。年在不惑而爲人所惡。終無善行。○惡烏故反。漢石經作年卌見惡焉。

微子第十八　凡十一章

微子去之。箕子爲之奴。比干諫而死。馬融曰。微箕二國名。子爵也。微子紂之庶兄。箕子比干紂之諸父。微子見紂無道早去之。箕子佯狂爲奴。比干以諫見殺。〔補〕皇侃曰。微子名啓。殷王帝乙之元子。微子者殷紂庶兄也。又曰。鄭玄注尚書云。微子與紂同母。當生微子時。母猶未正。及生紂時。已得正爲妻也。邢昺曰。司馬彪注莊子云。箕子名胥餘。不知出何書也。

孔子曰。殷有三仁焉。仁者愛人。三人行各異。而同稱仁。以其俱在憂亂寧民。○筆解殷作商。本注。皇本仁上有馬融曰三字。筆解引下二句作孔曰。

柳下惠爲士師。孔安國曰。士師典獄之官。補皇侃曰。柳下惠展禽也。邢昺曰。士師。周禮司寇之屬。三黜。人曰。子未可以去乎。曰。直道而事人。焉往而不三黜。孔安國曰。苟直道以事人。所至之國。俱當復三黜。○三息暫反。又如字。黜勑律反。焉於虔反。枉道而事人。何必去父母之邦。枉紆往反。

齊景公待孔子曰。若季氏則吾不能。以季孟之閒待之。孔安國曰。魯三卿。季氏爲上卿。最貴。孟氏爲下卿。不用事。言待之以二者之閒。曰。吾老矣。不能用也。孔子行。以聖道難成。故云老不能用。

齊人歸女樂。季桓子受之。三日不朝。孔子行。孔安國曰。桓子季孫斯也。使定公受齊之女樂。君臣相與觀之。廢朝禮三日。補 事詳史記孔子世家。○歸如字。鄭作饋。其貴反。女樂並如字。朝直遙反。

楚狂接輿歌而過孔子之門。孔安國曰。接輿。楚人。佯狂而來歌。欲以感切孔子。補 阮元曰。案高麗本有之門二字。與古合。蓋接輿乃楚狂之名。過孔子者。過孔子之門也。莊子人間世言孔子適楚。楚狂接輿遊其門。正指此事。故鄭君注孔子下云。下堂出門。最爲明確。包咸以下爲下車。甚謬。張冐思曰。接姓。輿名也。漢有接昕接固姓耳。○輿音餘。下同。曰鳳兮鳳兮何德之衰。孔安國曰。比孔子於鳳鳥。鳳鳥待聖君乃見。非孔子周行求合。故曰衰也。○挍勘記云。漢石經何下有而字。衰下有也字。下可諫可追下並同。皇本高麗本。句末亦並有也字。唐石經唯衰下有也字。案莊子人閒世作何如德之衰也。如與而古字通。往者不可諫。孔安國曰。已往所行。不可復諫止。來者猶可追。孔安國曰。自今已來。可追自止。辟亂隱去。已而已而今之從政者殆而。孔安國曰。已而者。言世亂已甚。不可復治也。再言之者。傷之甚也。補朱熹曰。已。止也。孔子下欲與之言趨而辟之不得與之言。包氏曰。下。下車。補鄭玄曰。下堂出門也。說見上。

長沮桀溺耦而耕孔子過之使子路問津焉。鄭玄曰。長沮桀溺隱者也。耜廣五寸。二耜爲耦。津濟渡處。補張鼎思曰。長沮余亦以爲姓。長名。沮也。高士傳言張良鉏擊始皇。改姓爲長。當時必有長姓。故良變之。講述云。長沮桀溺亦非人名。如接輿之類。長沮謂永于沮止而不出。桀溺謂決乎沈溺不起。○沮。七餘反。溺。乃歷反。耦。吾口反。長沮曰夫執輿者爲誰。子路曰。爲孔丘。曰。是魯孔丘與。曰。是也。曰。是知津焉。馬融曰。言數周流自知津處。補 皇侃曰。執輿猶執轡也。○漢石經輿作車。誰下有子字。皇本誰下有乎字。漢石經無也下曰字。皇本高麗本。上曰上有對字。焉作矣。

問於桀溺。桀溺曰。子爲誰。曰。爲仲由。曰。是魯孔丘之徒與。對曰。然。曰。滔滔者天下皆是也。而誰以易之。孔安國曰。滔滔者。周流之貌。言當今天下治亂同。空舍此適彼。故曰。誰以易之。補 皇侃曰。滔滔。猶周流也。朱熹曰。滔滔。流而不返之意。邢昺曰。誰以易之。爲有道。朱熹曰。以。猶與也。將誰與變易之。太宰純曰。下文云。天下有道。丘不與易也。易如孟子夷子思以易天下之易。○與音餘。滔吐刀反。校勘記云。釋文出孔子之徒與。云。一本作子是。本今作孔丘之徒與。案史記孔子世家作子孔丘之徒與。滔滔。鄭本作悠悠。案史記孔子世家亦作悠悠。文選晉紀總論注引孔注云。悠悠者。周流之貌也。鄭作悠悠。亦从古論。今注中仍作滔滔。當是何晏从魯論妄改。

且而與其從辟人之士也。豈若從辟世之士哉。士有辟人之法。有辟世之法。長沮桀溺謂孔子爲士。從辟人之法。己之爲士。則從辟世之法。補朱熹曰。而。汝也。○辟音避。

耰而不輟。鄭玄曰。耰。覆種也。輟。止也。覆種不止。不以津告。補說文云。耰。摩田器也。皇侃曰。覆種者。植穀之法。先散後覆也。○耰音憂。輟張劣反。漢石經耰作櫌。無而字。阮元曰。案說文亦引作櫌。與漢石經合。五經文字云。櫌音憂。覆種見論語。經典及釋文皆作耰。

子路行以告。夫子憮然。爲其不達己意。而便非己也。補皇侃曰。憮然。猶驚愕。○憮音呼。又音武。挍勘記云。漢石經無行字。夫字。案史記孔子世家亦無行字。因文人章而誤衍也。皇侃疏已有行字。

曰。鳥獸不可與

同羣。孔安國曰。隱居於山林。是與鳥獸同羣。吾非斯人徒與而誰與。孔安國曰。吾自當與此天下人同羣。安能去人從鳥獸居乎。○與如字。又音餘。天下有道。丘不與易也。孔安國曰。言凡天下有道者。丘皆不與易也。己大而人小故也。補皇侃曰。沈居士曰。言天下人自各有道。我不以我道易彼。亦不使彼易我。自各處其宜也。

子路從而後。遇丈人以杖荷蓧。包氏曰。丈人老者也。蓧竹器名。○從才用反。荷何可反。蓧徒弔反。校勘記云。皇本蓧作蓧。釋文出蓧字。云。本又作條。又作莜。案說文王篇竝引作莜。是莜為本字。蓧為假借字。條又為蓧之省文。史記孔子世家引包氏注。蓧草器名也。字當从艸無疑。今包注作竹器。竹乃艸字之訛。皇本竟改从竹作蓧。并云籮籠之屬。誤益甚矣。子路問曰。子見夫子乎。丈人曰。四體不勤。五穀不分。孰爲夫子。包氏曰。丈人云不勤勞四體不分殖五穀。誰爲夫子而索之邪。○分如字。植其杖而芸。孔安國曰。植倚也。除艸曰芸。補邢昺曰。植倚立也。朱熹曰。立之也。○挍勘記云。漢石經植作置。芸作耘。釋文出而芸云。音云。多作耘字。案植置古字通。耘爲本字。芸乃假借字。子路拱而立。○未知所以答。○拱去勇反。止子路宿。殺雞爲黍而食之。見其二子焉。明日子路行以告。子曰。隱者也。使子路反見之。至則行矣。孔安國曰。子路反至其家。丈人出行不在。補皇侃曰。子路停宿。故丈人家殺雞爲臛。作黍飯而食子路也。○食音嗣。見賢遍反。子路曰。不仕無義。鄭玄曰。留言以語丈人之二子。補朱熹曰。福州有國初時寫本。路下有反子二字。以此爲子路反而夫子言之也。長幼之節。不可廢也。君臣之義。如之何。

其廢之。孔安國曰。言女知父子相養不可廢反可廢君臣之義邪。○長丁丈反。校勘記云。漢石經作君臣之禮如之何其廢之也。皇本作如之何其可廢也。案後漢書申屠蟠傳注亦作其可廢也。欲潔其身而亂大倫。包氏曰。倫道也。理也。○校勘記作絜云。皇本閩本北監本毛本絜作潔。案潔乃絜之俗字。君子之仕也行其義也道之不行已知之矣。包氏曰。言君子之仕所以行君臣之義也。不自必道得行。孔子道不見用自已知之。○已音紀。一音以。皇本高麗本不行下有也字。

逸民伯夷叔齊虞仲夷逸朱張柳下惠少連。逸民者。節行超逸者。包氏曰。此七人皆逸民之賢者。補朱熹曰。逸遺逸。民者。無位之稱。虞仲即仲雍。與泰伯同竄荊蠻者。惟孝按。朱注以虞仲爲仲雍。伊藤維楨疑之。其言有理。而漢地理志引論語云。虞仲即仲雍則朱注似有據毛奇齡曰班史此志明屬偶借觀其古今人表明載兩人武王未克商前有中雍卽仲雍既克商後有虞中卽虞仲兩人兩名前後歷歷今按太伯世家太伯之弟仲雍之後四世周章之弟爲虞仲則毛氏之說益爲可信王弼曰朱張字子弓荀卿以比孔子阮元曰案鄭氏不以朱張爲人姓名故讀朱如周朱周一聲之轉書譸張爲幻本或作侜張亦作侏張此言逸民之行皆不合於正故云侏張今按此說如可尋而詳考文勢亦覺未穩而是漢儒之說姑錄以存舊解朱熹曰少連東夷人○朱張並如字少少詩照反

子曰不降其志不辱其身伯夷叔齊與 ○鄭玄曰言其直己之心不入庸君之朝與音餘皇本高麗本身下有者字

謂柳下惠少連降志辱身矣言中倫行中慮其斯而已矣 孔安國曰但能言應倫理行應思慮如此而已○補朱熹曰少連事不可考然記稱其

善居喪。三日不怠。三月不解。朞悲哀。三年憂。則行之中慮。亦可見矣。○中丁仲反。下同。漢石經作其斯以乎。阮元云。已以古字通。

謂虞仲夷逸隱居放言。包氏曰。放。置也。置不復言世務。

身中清。廢中權。馬融曰。清。純絜也。遭世亂。自廢棄以免患。合於權也。○廢方肺反。鄭作發動貌。史記孔子世家。身作行。

我則異於是。無可無不可。馬融曰。亦不必進。亦不必退。唯義所在。

大師摯適齊。亞飯干適楚。孔安國曰。亞。次也。次飯樂師也。摯干皆名。補皇侃曰。古天子諸侯食必共奏樂。每食各有樂人。亞飯干。是第二食奏樂人也。其奔逸適於楚國。然周禮大司樂。王朔望食奏樂。日食不奏也。夏殷制。則日奏也。○大音太。摯音至。亞於嫁反。飯扶晚反。下同。

三飯繚適蔡。四飯缺適秦。包氏曰。三飯四飯樂章名。各異師。繚缺皆名。○繚音了。缺窺悅反。**鼓方叔入於河**。包氏曰。鼓。擊鼓者。方叔名。入。謂居其河內。也。○唐石經皇本於作于。下入於海入於漢同。**播鼗武入於漢**。孔安國曰。播。猶搖也。武名也。補邢昺曰。鼗如鼓而小。有兩耳。持其柄搖之。旁耳還自擊。○播彼佐反。鼗徒刀反。按勘記云。皇本高麗本鼗作鞀。釋文出鼗字云。亦作鞉。案說文鞀或从兆作鞉。或从鼓从兆作鼗。此作鼗乃鼗之變體。**少師陽擊磬襄入於海**。孔安國曰。魯哀公時。禮壞樂崩。樂人皆去。陽襄皆名。補惟孝曰。史記周本紀云。太師疵少師彊抱其樂器而犇周。漢禮樂志云。樂官師瞽抱其器而奔散。或適諸侯。或入河海。顏師古以爲即論語所記大師摯之屬。古今人表。以摯干繚缺等八人列於伯夷叔齊之下文王之上。按毛奇齡等亦從其說。爲殷紂時人。又案疵與摯。彊與陽音近。則蓋以大師疵爲大師摯。以少師彊爲少師陽。不然。周末魯國之衰。樂官之賢。備具如此。可不異哉。呂子先識篇云。殷內史向摯載其圖法。出亾之周。又處方篇。向摯處乎商而商亾。據此則爲殷紂時人。益明。◯少詩照反。

周公謂魯公曰。孔安國曰。魯公。周公之子伯禽。封於魯。君子不施其親。孔安國曰。施。易也。不以他人親易其親。補朱熹曰。弛。遺棄也。◯釋文作弛。云。本今作施。朱熹云。福本同。阮元云。施弛古字通。禮記孔子閒居引詩弛其文德。注。弛作施。周禮遂人與其施舍。注云。施讀爲弛。不使大臣怨乎不以。孔安國曰。以。用也。怨不見聽用。故舊無大故則不棄也。無求備於一人。孔安國曰。大故。謂惡逆之事。

周有八士。伯達伯适仲突仲忽叔夜叔夏季隨季騧。包氏曰。周時四乳得八子。皆爲顯士。故記之耳。補董仲舒曰。四產八男。皆君子雄俊。此天之所以與周也。陸德明曰。鄭云。成王時。劉向馬融皆以爲宣王時。周密曰。周語曰。詢於八虞。咨於二虢。度於閎夭。謀於南宮。諏於蔡原。訪於辛尹。韋氏云。八虞。八士。皆在虞官。據此則八士。蓋文王時人。融向何不言文王耶。既言八虞。又言南宮。則八士之爲南宮也。又未可據矣。太宰純曰。按八士其一人見商書君奭篇。亦在亂臣十人之中。其二人在逸周書克殷解。楊愼林希元皆引以證此章。文王詢於八虞。晉胥臣之言。賈逵唐固皆以爲八虞。○适古活反。騧古花反。丹鉛總錄所引。宋人小説。周有八士。姓名八人。而叶四韻。云云。隨音騃。騧音窩。本註諸本得作生。皇本與此同。按皇疏云。周世有一母身四乳而生於八子。依此文。則得字當作生。阮元云。釋文明出生字。是陸氏所見本。亦不作得字。

論語卷九 畢

論語卷十

何晏集解
山本惟孝補解

子張第十九　凡二十五章

子張曰。士見危致命。孔安國曰。致命不愛其身。補易困象傳曰。致命遂志。見得思義。祭思敬。喪思哀。其可已矣。

子張曰。執德不弘。信道不篤。焉能爲有。焉能爲亡。孔安國曰。言無所輕重。補皇侃曰。亡無也。

子夏之門人問交於子張。孔安國曰。問與人交接之道。子張曰。子夏云何。對曰。子夏曰。可者與之。其不可者拒之。子張曰。異乎吾所聞。君子尊賢而容衆。嘉善而矜不能。我之大賢與。於人何所不容。我之不賢與。人將拒我。如之何其拒人也。包氏曰。友交當如子夏。汎交當如子張。○漢石經皇本高麗本。拒作距。

子夏曰。雖小道。必有可觀者焉。小道。謂異端。補朱熹曰。小道。如農圃醫卜之屬。致遠恐泥。包氏曰。泥難不通。○泥乃細反。是以君子不爲也。

子夏曰。日知其所亡。孔安國曰。日知其所未聞。月無忘其所能。可謂好學也已矣。○好呼報反。

子夏曰。博學而篤志。孔安國曰。廣學而厚識之。切問而近思。切問者。切問於己所學而未悟之事。近思者。近思己所未能及之事。汎問所未學。遠思所未達。則於所習者不精於所思者不解。仁在其中矣。

子夏曰。百工居肆以成其事。君子學以致其道。包氏曰。言百工處其肆則事成。猶君子學以立其道。補朱熹曰。肆謂官府造作之處。皇侃云。致至也。

子夏曰。小人之過也必文。孔安國曰。文飾其過。不言其情實。○皇本必下有則字。

子夏曰。君子有三變。望之儼然。卽之也溫。聽其言也厲。鄭玄曰。厲嚴正。○儼魚檢反。厲如字。下厲已同。校勘記云。皇本儼作嚴。釋文出儼然。云。本或作嚴。音同。案古多借嚴爲儼。公羊桓二年傳注。儼然人望而畏之。釋文亦云。儼本又作嚴。

子夏曰。君子信而後勞其民。未信則以爲厲己也。

王肅曰。厲猶病也。○厲如字。信而後諫。未信則以爲謗己也。謗布浪反

子夏曰。大德不踰閑。孔安國曰。閑猶法也。小德出入可也。孔安國曰。小德則不能不踰法。故曰出入可。【補】荻生茂卿曰。晏子春秋以此爲晏子之言。大德小德作大者小者。朱熹曰。大德小德。猶言大節小節。惟孝按董仲舒論權制曰。在不可以然之域者。謂之大德。大德無踰閑者。謂正經。在可以然之域者。謂之小德。出入可也。權譎也。本註。阮元云。德下則字。是衍文。

子游曰。子夏之門人小子。當灑掃應對進退則可矣。抑末也。本之則無。如之何。包氏曰。言子夏弟子。但當對賓客。修威儀

禮節之事則可。然此但是人之末事耳。不可無其本。故云本之則無。如之何。○漢石經游作斿。皇本閩本北監本毛本埽作掃。釋文出洒埽。云。上色買反。又所綺反。正作灑。經典下素報反。本今作埽。阮元云。埽是俗字。釋文云本末之末。字或作未。非也。

子夏聞之曰。噫。孔安國曰。噫心不平之聲。○噫於其反。

言游過矣。君子之道。孰先傳焉。孰後倦焉。包氏曰。言先傳大業者。必厭倦。故我門人先教以小事。後將教以大道。○傳直專反。倦其眷反。

譬諸艸木。區以別矣。馬融曰。言大道與小道殊異。譬如艸木異類區別。言學當以次。○區羌于反。別彼列反。

君子之道。焉可誣也。馬融曰。君子之道。焉可使誣。言我門人但能灑埽而已。補朱熹曰。君子之道。非以其末爲先而傳之。非以其本爲後而倦教。但學者所至。自有淺深。如草木之有大小。其類固有別矣。若不量其淺深。不問其生熟。而槩以高且遠者。强而語之。則是誣之而已。君子之道。豈可如此。若夫始終本末。一以貫之。則惟聖人爲然。豈可責之門人小子乎。阮元曰。案九經古義云。漢書薛宣傳云。君子之道。焉可憮也。蘇林曰。憮同也。兼也。晉灼曰。憮音誣。師古曰。論語載子夏之言。謂行業不同。所守各異。唯聖人爲能體備之。家君曰。蘇解得之。據此。是古本有作憮者。當是古魯異傳。○焉於虔反。誣音無。

有始有卒者。其唯聖人乎。孔安國曰。終始如一。唯聖人耳。○卒子恤反。閩本北監本毛本唯作惟。朱注本亦同。說見前。

子夏曰。仕而優則學。馬融曰。行有餘力。則以學文。○優音憂。學而優則仕。

子游曰。喪致乎哀而止。孔安國曰。毀不滅性。

子游曰。吾友張也。爲難能也。包氏曰。言子張容儀之難及。然而未仁。補太宰純曰。此稱子張容儀之美。而惜其未得爲仁人也。

曾子曰。堂堂乎張也。難與並爲仁矣。鄭玄曰。言子張容儀盛而於仁道薄也。補江熙曰。堂堂。德宇廣也。仁行之極也。難與並仁蔭人上也。皇侃曰。江熙之意。是子張仁勝於人。故難與並也。

曾子曰。吾聞諸夫子。人未有自致者也。必也親喪乎。馬融曰。言人雖未能自致盡於他事。至於親喪。必自致盡。○漢石經作吾聞諸子。人未有自致也者。

曾子曰。吾聞諸夫子。孟莊子之孝也。其他可能也。

其不改父之臣與父之政。是難能也。馬融曰。孟莊子。魯大夫仲孫速也。謂在諒闇之中。父臣及父政。雖不善者。不忍改也。補朱熹曰。其父孟獻子名蔑。獻子有賢德。莊子能用其臣。守其政。○皇本高麗本無能字。

孟氏使陽膚爲士師。包氏曰。陽膚。曾子弟子。士師。典獄之官。○膚方于反。問於曾子。曾子曰。上失其道。民散久矣。如得其情。則哀矜而勿喜。馬融曰。民之離散。爲輕漂犯法。乃上之所爲。非民之過。當哀矜之。勿自喜能得其情。○挍勘記云。案鹽鐵論後刑章。舊唐書懿宗紀。並引此文。則作即。即則古字通。

子貢曰。紂之不善。不如是之甚也。是以君子惡居下流。天下之惡皆歸焉。孔安國曰。紂爲不善以喪天下。後世憎甚之。皆以天下之惡歸之於紂。補邢昺曰。謚法殘義損善曰紂。殷紂名辛。字受德。皇侃曰。下流。謂爲惡行而處人下者也。朱熹曰。人身有汙賤之實。亦惡名之所聚也。皇本高麗本善下有也字。漢石經之甚作其甚。

子貢曰。君子之過也。如日月之食焉。過也人皆見之。更也人皆仰之。孔安國曰。更改也。○皇本高麗本食焉作蝕也。

衛公孫朝馬融曰。朝衛大夫。問於子貢曰。仲尼焉學。子貢曰。文武之道。未墜地。在人。賢者識其大者。不賢者識其小者。莫不有文武之道焉。夫子焉不學。孔安國曰。文武之道。未墜落於地。賢與不賢。各有所識。夫子無所不從學。○朝直遙反。焉於虔反。下焉不學同。墜直類反。挍勘記云。漢石經墜作隧。案墜隧古字通。又識作志。案志識古今字。康成注周禮保章氏

子張 五

云。志古文識。賈疏云。古之文字少。志意之志與記識之識同。後代自有記識之字。不復以志爲識。今案劉向傳。及蜀石經皆作志。

而亦何常師之有。

孔安國曰。無所不從學。故無常師。

叔孫武叔語大夫於朝。

馬融曰。魯大夫叔孫州仇。武諡。補邢昺曰。諡法云。剛彊直理曰武。○語魚據反。朝直遙反。

曰。子貢賢於仲尼。子服景伯以告子貢。子貢曰。譬之宮牆。賜之牆也及肩。闚見室家之好。夫子之牆也數仞。不得其門而入。不見宗廟之美。百官之富。得其門者或寡矣。

包氏曰。七尺曰仞。○闚棄規反。好如字。數色主反。校勘記云。漢石經作辟諸宮牆。皇本高麗本作譬諸宮牆也。案白虎通社稷篇亦引作諸。與漢石經合。按譬、正字。辟、假借字。閩本北監本毛本闕作窺。朱子集注本亦作窺。案五經文字云。窺與闚同。皇本夫子上有夫字。高麗本作夫子之牆也。釋文出數仞云。一作刃。音同。皇本高麗本入下有者字。

夫子之云不亦宜乎。

包氏曰。夫子、謂武叔。補皇侃曰。袁氏曰。武叔凡人。應不達聖也。○皇本無之字。

叔孫武叔毀仲尼。子貢曰。無以爲也。仲尼不可毀也。他人之賢者丘陵也。猶可踰也。仲尼日月也。無得而踰焉。人雖欲自絕。其何傷於日月乎。多見其不知量也。

言人雖欲自絕棄於日月。其何能傷之乎。適足自見其不知量也。○量音亮。按勘記云。皇本高麗本曰上有如字。案後漢書孔融傳。列女傳二注引此文。竝有如字。皇本高麗本絕下有也字。

陳子禽謂子貢曰。子爲恭也。仲尼豈賢於子乎。子貢曰。君子一言以爲知。一言以爲不知。言不可不愼也。夫子之不可及也。猶天之不可階而升也。夫子之得邦家者。孔安國曰。謂爲諸侯若卿大夫。補家語弟子解云。陳亢。陳人。字子亢。一字子禽。知音智。下同。○所謂立之斯立。道之斯行。綏之斯來。動之斯和。其生也榮。其死也哀。如之何其可及也。孔安國曰。綏安也。言孔子爲政。其立教則無不立。道之則莫不興行。安之則遠者來至。動之則莫不和睦。故能生則見榮顯。死則見哀痛。○道音導。綏音雖。

堯曰第二十 凡三章

堯曰。咨爾舜。天之曆數在爾躬。曆數謂列次也。允執其中。

四海困窮。天祿永終。包氏曰。允信也。困極也。永長也。言爲政信執其中。則能窮極四海。天祿所以長終。補惟孝曰。不曰困窮四海者。韻語。舜亦以命禹。孔安國曰。舜亦以堯命己之辭命禹。

曰。予小子履。敢用玄牡。敢昭告于皇皇后帝。孔安國曰。履殷湯名也。此伐桀告天之文。殷家尚白。未變夏禮。故用玄牡。皇大。后君也。大大君帝。謂天帝也。墨子引湯誓。其辭若此。補墨子兼愛篇曰。湯曰。惟予小子履。敢用玄牡。告于上天后土。曰。今天大旱。即當朕身履。未知得罪于上下。有善不敢蔽。有罪不敢赦。簡在帝心。萬方有罪。即當朕身。朕身有罪。無及萬方。白虎通曰。論語曰。予小子履敢昭告于皇天上帝。此湯伐桀告天。用夏家之法也。○牡茂后反。有罪不敢赦。包氏曰。順天奉法。有罪者不敢擅赦。帝臣不蔽。簡在帝心。言桀居帝臣之位。有罪過。不可隱蔽。以其簡在天心故也。補筆解此注作包曰。○蔽必袂反。朕躬有罪。無以萬方。萬方有罪。罪在朕躬。孔安國曰。無以萬方。萬方不與也。萬方有罪。我身之過。○漢石經無作毋。校勘記云。漢石經皇本高麗本不重罪字。案書湯誥云。其爾萬方有罪。在予一人。國語周語引湯誓云。萬夫有罪。在余一人。墨子兼愛篇下亦云。萬方有罪。卽當朕身。呂氏春秋季秋紀云。萬夫有罪。在余一人。說苑貴德篇云。百姓有過。在予一人。與此並大同而小異。核其文義。俱不重罪字。周有大賚。善人是富。○周周家。賚賜也。言周家受天大賜。富於善人。有亂臣十人。是也。補皇侃曰。此以下是周伐紂誓民之辭也。○賚力代反。雖有周親。不如仁人。孔安國曰。親而不賢不忠則誅之。管蔡是也。仁人箕子微子來則用之。補墨子兼愛篇。載武王將事泰山之事曰。雖有周親。不若仁人。萬方有罪。維予一人。

百姓有過。在予一人。謹權量。審法度。修廢官。四方之政行焉。包氏曰。權秤也。量斗斛。補百姓以下八字。說苑爲武王之言。○量音亮。墨子引過作罪。皇本焉作矣。漢律麻志亦引作矣。

興滅國。繼絕世。舉逸民。天下之民歸心焉。所重民食喪祭。孔安國曰。重民國之本也。重食民之命也。重喪所以盡哀。重祭所以致敬。

寬則得衆。信則民任焉。敏則有功。公則民說。孔安國曰。言政教公平則民說矣。凡此二帝三王所以治也。故傳以示後世。補信則民任焉。漢石經皇本無此句。阮元曰。此句疑因陽貨篇子張問仁章誤衍。○說音悅。皇本說上有民字。與此同。

子張問於孔子曰何如斯可以從政矣子曰尊五美屏四惡斯可以從政矣孔安國曰屏除也○皇本高麗本問下有政字子張曰何謂五美子曰君子惠而不費勞而不怨欲而不貪泰而不驕威而不猛子張曰何謂惠而不費子曰因民之所利而利之斯不亦惠而不費乎王肅曰利民在政無費於財○費芳味反下同挍勘記云易益卦註周禮旅師疏及文選洞簫賦註引此文並作因民所利而利之案皇疏兩述經文皆無上之字疑後人據俗本誤增擇其可勞而勞之又誰怨欲仁而得仁又焉貪君子無衆寡無小大無敢慢孔安國曰言君子不以寡小而慢也○慢武諫反諸本可

上無其字。皇本與此同。斯不亦泰而不驕乎。君子正其衣冠。尊其瞻視。儼然人望而畏之。斯不亦威而不猛乎。子張曰。何謂四惡。子曰。不教而殺。謂之虐。不戒視成。謂之暴。馬融曰。不宿戒而責目前成爲視成。○儼魚撿反。慢令致期。謂之賊。孔安國曰。與民無信。而虛刻期。猶之與人也。出納之吝。謂之有司。孔安國曰。謂財物俱當與人。而吝嗇於出內。惜難之。此有司之任耳。非人君之道。補朱熹曰。猶之。猶言均之也。○出尺遂反。又如字。唐石經皇本高麗本納作內。釋文出內字。云。如字。又音納。本今作納。阮元云。內納古今字。吝力刃反。

孔子曰。不知命。無以爲君子也。孔安國曰。命。謂窮達之分。補陸德明曰。魯論無此章。今從古。○校勘記云。朱子集注本無孔字。案唐石經宋石經釋文皇本高麗本以及十行本閩本北監本毛本竝有孔字。據此則朱子作子曰者非也。

不知禮無以立也。不知言無以知人也。

馬融曰。聽言則別其是非也。補皇侃曰。禮主恭敬。爲立身之本。江熙曰。不知言。則不能賞言。不能賞言。則不能量彼。猶短綆不可測於深井。故無以知人也。

論語卷十　畢

論語補解跋

我樂所先生論語補解始成至如其作意備於山本龜卿之序文與志賀子則之發凡則予亦何贅焉一夕有客難予曰先生之有此舉也實可謂不世之盛事矣雖然竊有可議者嘗聞凡

說經莫善於古義先生苟欲患古義之不備而補之則采兩漢以上之說以補之可也何煩収載本邦諸儒及唐宋以下清儒等之說之爲曰不然夫不以言廢人不以時棄人是乃非先生之所以爲長者乎吾子若有善

說亦將收載之難容默退明日往以告先生先生曰善矣子盍以其言書於卷末固辭不獲命於是乎書

天保己亥之秋

紀藩講官岩橋興嗣謹識

南紀學習館藏版之記

天保十年己亥秋七月

發行書林

江戸日本橋通壹町目
須原屋茂兵衛

大坂心斎橋南二丁目
敦賀屋九兵衛

紀州若山新通二丁目
帶屋伊兵衛

同　三丁目
綛田屋平右衛門

鳴謝

感謝相田滿先生爲本叢書《論語》卷作序
感謝早稻田大學圖書館特別資料室真島めぐみ女士提供圖片幫助